岐路に立つ自営業

専門職の拡大と行方

The Self-employed at a Crossroads:
Expansion and Future of Professionals

仲 修平
Naka Shuhei

勁草書房

岐路に立つ自営業

専門職の拡大と行方

目　次

序　章　日本の自営業を読み解く …………………………………1
　　　　　──自営専門職に着目する意図

1. 姿を変えて日常に見え隠れする自営業　1

2. 本書における自営業の定義　6

3. 統計データから見る日本の自営業　8

4. 自営業，とりわけ自営専門職に着目する現代的意義　14

5. 本書の構成　21

　　付記　本書で用いる社会調査データ　22

第1章　自営業の見方・測り方 ………………………………25
　　　　　──社会階層研究の蓄積と残された研究課題

1. 自営業の認識をめぐる問題　25

2. 諸外国の研究動向　33

3. 日本の研究動向　39

4. 本書の検討課題──職業移動／職業構成／職業経歴／所得　45

　　補論1　自営業研究におけるその他の対象　46

　　補論2　統計データから見る自営業比率・失業率・雇用保護指数　48

第2章　自営業への／からの移動 ……………………………55
　　　　　──失業率との関係に着目して

1. 問題の所在──自営業は失業の受け皿になりうるのか　55

2. 方法　60

3. 分析結果　63

4. 失業の受け皿とはなりえない日本の自営業　72

目　次

第3章　自営業の職業構成の趨勢 ……………………………79
──職業構造の変動を考慮して

1. 問題の所在──自営業の職業構成は専門的・技術的職業へと移行しているのか　79

2. 方法　81

3. 分析結果　85

4. 専門職化する自営業　92

第4章　自営専門職の職業経歴……………………………97
──職歴パターンとその条件の探索

1. 問題の所在──自営専門職を経験する人びとの職業経歴の特徴は何か　97

2. 方法　99

3. 分析結果　102

4. 複線的なルートを持つ自営専門職　116

第5章　自営業の所得構造とその推移 …………………121
──職業間の比較

1. 問題の所在──自営専門職は非専門職に比べて稼げるようになっているのか　121

2. データと変数　127

3. 分析結果　128

4. 自営専門職の内部に生じる所得格差　135

第6章　自営専門職の所得格差 …………………………139
──従業上の地位間の比較

1. 問題の所在──自営専門職は常時雇用専門職に比べて稼げるのか　139

2. 方法　142

3. 分析結果　146

4. 自営専門職の両義的な所得構造　154

iii

終　章　結論と今後の課題 ……………………………………161
　　　　　──自営専門職から見る働き方の未来

　1.　各章の要約　　161

　2.　本書の目的に対する結論　　165

　3.　専門的職業における自営業という働き方　　169

　4.　社会階層研究に対する貢献　　176

　5.　今後の課題と展望　　179

　6.　おわりに　　183

参考文献 ………………………………………………………187

あとがき ………………………………………………………203

人名索引・事項索引 …………………………………………209

初出一覧 ………………………………………………………214

序　章

日本の自営業を読み解く
——自営専門職に着目する意図

　戦後日本の自営業は量的な点において明らかに衰退してきた．しかし，その中で本書が「自営専門職（専門的な職業に従事する自営業）」と名づけた対象は，今日の日本社会が抱える問題と雇用の未来を考えるうえで注目に値すると考えている．すなわち，企業による雇用労働者の生活保障が縮小しているという問題と，人工知能（AI）が定型的な業務を代替し始めることによって専門的な知識や技能を必要とする複雑な業務が増加するという趨勢に照らすと，その交点には「自営専門職」という働き方が浮かび上がってくるのである．現代の労働市場では多数派を占める雇用労働者にとっても，「自営的に働くこと」とは無縁ではいられないし，「自営業は衰退する」という常識的な理解だけで簡単に片づけることはできないのではないかと考えている．

　では，日本の自営業はどのような変化の途上にあるのだろうか．本書は雇用労働と連動しながら発展してきた戦後の自営業を対象として職業の構成，職業の経歴や所得などの側面からその趨勢を描き直してゆく．そうすることによって，これからの自営業の姿を明らかにするだけではなく，人びとにとってより暮らしやすい社会を構想する一助となるかもしれない．本章ではこのような問題意識を持つに至った背景を述べる．

1.　姿を変えて日常に見え隠れする自営業

　自営業——それは戦後日本においていかに変容してきたのだろうか．本書は日本社会を対象とする調査によって得られたデータに基づいてこの問いに答えることを目指すものである．この試みを通して，これから

の日本社会における人びとの働き方や暮らし方を考え直すことを目的とする．

　自営業は多くの人びとにとってかかわりの深い存在である．日々の生活において自営業と直接的な縁がないという人がいたとしても，これまでの人生の中で自営業とずっと無縁であったということはほとんどないだろう．それどころか，毎日のように自営業を目にしている，あるいは通りすぎているかもしれない．たとえば，通勤や通学の途中で利用するコンビニや職場の近くにある喫茶店，昼食のために立ち寄る飲食店，子どもが通う学習塾などは「自ら事業を営む」という意味で自営業に該当する．つまり，私たちは日常的に自営業を視界に入れているだけではなく利用しているために，すでに多くのことを「知っている」のである．

　ところが，自営業として働く人びとはどのような仕事の経験を経てそこにたどりついているのか，あるいはお店を廃業したあとにどこへゆくのかという素朴な疑問を持つと途端にわからなくなる．さらにいえば，全国各地に点在する自営業者はどのような仕事をしているのか，その仕事によってどのくらいお金を稼いでいるのかということを考えるといよいよわからないのである．より正確にいえば，自営業といえば「儲からなくて不安定な働き方である」という具合に「何となく知っている」としても，その知っている自営業の姿は個々人によって大きく異なると思われる．

　人びとがイメージする自営業像が異なることはある意味で当然かもしれない．というのも，現代の日本社会の中では目にとまりやすく想像しやすい自営業からそうではない自営業まで幅広く存在しているためである．たとえば，街の中にあるパン屋，八百屋や整骨院，あるいは印刷物や部品をつくる町工場などは比較的にわかりやすい．なぜなら，人びとが意識する／しないにかかわらず，自営業として働く人びとが店舗を構えているために認知しやすいのである．

　一方で，インターネット通販大手のアマゾンジャパンが注文商品を届ける際に利用している一部は個人の運送業者であるが，荷物を受け取る側は配達員が自営業者であるかどうかを気にかけることはほとんどない．

また近年では，配車アプリ大手の米ウーバーテクノロジーズが飲食店の料理の宅配サービス「UberEATS（ウーバーイーツ）」を開始したが，配達員として登録する人びとは自営業者の一種である．さらに，個人のスキルや知識をウェブ上で売り買いするココナラという会社も現れている．個々人のスキルとしてはデザイナーや翻訳家などを想定し，ウェブサイトに自らの技能を登録している人の数は70万人に達しているという（日本経済新聞 2018年2月5日）．

　現代の自営業は私たちの日常生活にとって身近な存在であると同時に，その姿を変えつつあるのでその全貌を捉えることが難しい対象となっているのである．つまり，従来は自営業ではなかったものが自営業となる，あるいは新たなサービスが考案されることによってその担い手が自営業者となるという意味で姿を変えているのである．自営業が変貌する背景には雇用労働の今日的な状況と密接に結びついている．たとえば，アマゾンやウーバーイーツが配達員を自社の正社員ではなく個人請負や業務委託としての自営業者を活用するのは，働き手を直接雇用することによる人的なコスト（年金や社会保険などを企業が負担すること）を削減する狙いがあるだろう．ココナラの事例でいえば，ウェブサイトに登録する人びとは自らの技能をより有効に用いて活動したいという動機に加えて，空いている時間を利用してお金を稼ぐことで生計の足しにしたいという切迫した状況があるかもしれない．逆にいえば，雇われて働くことによる収入が十分ではないということも考えられる．このように考えると，さまざまな自営業が生じる遠因は雇用労働の側で生じている問題にもあるといえるだろう．

　自営業と雇用の関係は戦後の日本社会で「働き方」に注目する場合，両者は離れがたく結びついてきた．もちろん，昨今の労働市場では働く人びとのおおよそ9割程度は雇われて働く雇用労働者であることに照らすと（2010年の労働力調査によると約5460万人），人びとの認識としても，研究の対象としても「雇われて働くこと」が前提となることは当然といえる．しかしながら，「戦後」という時間的な幅をもたせて日本社会を振り返るとき，自営業という働き方は経済，社会，政治のいずれの側面

においても重要な役割を果たしてきた（鄭 2002）．より具体的にいえば，1960 年代から 1980 年代にかけて正社員を中心とする社会が確立してきたのは「雇用の安定」のみで実現したわけではなく，「自営業の安定」という別の安定がしっかり存在していたことを忘れるわけにはいかない（新 2012: 19）．つまり，自営業として働くことは，戦後の日本人の働き方として「もう 1 つの」重要な役割を果たしてきたのである．

　しかし，誰もが容易に自営業になれるわけではない．第 3 節で見るように，日本の自営業はこの数十年のうちに大きく減少し（国勢調査によると，自営業者数は 1985 年の 890 万人から 2010 年の 550 万となっている），ごく限られた人びとが選択する働き方となっているのが現状である．自営業という働き方が雇われる働き方にとってかわる，あるいは自営業という働き方に大きな期待を寄せるというのは現実的ではないだろう．

　けれども，本書の分析と考察が示唆するのは，雇われて働き続けることに疲れきっている人や雇われなければ暮らしてゆくことができないと思い込んでいる人にとって，目の前の現実を少し好転させる糸口が自営業という働き方の中に隠されているかもしれないということである．というのも，第 4 節で述べるように，今日の企業が雇用を通して人びとの暮らしを支える余裕がなくなりつつある現代社会において，「企業から独立して働く」という行為は，人びとがよりよく暮らしてゆくための手段とその原理を映しだす 1 つの働き方であると考えられるためである．いいかえると，企業から独立して働くというのは，企業が賄ってきた生活保障を自ら担うという点と，AI の進展にともない人間が担う非定型的な仕事は必ずしも企業内で働く人が担うとは限らないという点を意味している．これらのことを考えるならば，「自営的に働く」ということを読み解く必要が生じてくるのである．

　その働き方は上述したように，現代の自営業は雇用労働の状況と連動する形で変貌しつつある．では，日本の自営業はどこからどこへ向かおうとしているのだろうか．この問いは現在を見ているだけでは答えることはできない．「戦後」という過去から現在に生じた現象を複眼的に見つめなおすことによって，よりたしかな考察を加えることができる．本

書では自営業に関する諸側面（職業移動や所得など）に焦点を当てて分析してゆくことになるが，それらの結果を解釈するためには雇用労働との比較や関連を視野に入れて考察する必要がある．さらにいえば，雇用労働と自営業の関係を認識しなおすことによって，今日に生じつつある両者の関係が過去に生じたものであるのか，それとも新たな側面が生じつつあるのかという一歩進んだ考察も可能となる．

　そこで本書では，企業から独立して働く／生活する原理を見出すための糸口として，戦後日本における自営業の姿を描き直してゆく．その姿をよりよく理解するために，本書は「専門的な職業に従事する自営業（自営専門職）」を鍵となる概念として位置づけていることに最大の特徴がある．自営専門職に着目する理由は第4節で述べるが，その存在は過去から現在における自営業の趨勢を見極めるために1つの軸となりうると同時に，これからの日本社会で人びとが働くことを構想するうえでも欠かすことのできないものであると考えている．このような筆者の問題関心によって各章の分析は自営専門職を重要な切り口として，自営業の働き方を参入や退出という職業移動，職業の構成，職業の経歴，所得という側面から浮き彫りにしてゆく．

　具体的には，計量社会学の立場から「誰が自営業になるのか／やめるのか」，「自営業の職業構成はどのように変容してきたのか」，「自営業を経験する人びとはどのような職業経歴をたどっているのか」，「自営業はどのくらいお金を稼いでいるのか」という問いを究明することを試みる．それらの問いに答えることを通して，これからの日本社会において人びとがよりよく働くこと／暮らすことを考え直してみたい．

　本章の以下では，本書が分析対象とする自営業を定義し，公的な統計データを用いて日本の自営業が置かれた状況を概観する．そのうえで，なぜ自営業，とりわけ自営専門職に着目する必要があるのかについて，日本社会が抱える社会的な問題，雇用の世界が直面している状況および学問的な課題という観点から述べる．最後に本書の構成を明示する．

2.　本書における自営業の定義

　本書における自営業とは,「自分の生産手段を所有し, それを自分の労働と, 独自の経営資源 (また管理資源) と結合することによって彼らの階層状況が規定される階層」を意味する (鄭 2002: 169). より平易な言葉に直すと, 自営業者は土地・原材料・道具・機械や技能などの手段を用いて, 自らの労働および少数の被雇用者の労働に支えられた事業活動を営むものである.

　日本の先行研究で「自営業」という言葉を用いる場合は, 自営業者, 自営業主, 個人事業主や自由業者などの語が用いられる. これらは同義のものとして扱われることが多いため, 本書ではこれらを一括りに「自営業」とする. 一方, 欧米の研究では, self-employed, self-employment, freelance などの語が用いられる. 文脈によって多少異なる場合はあるが, 本書ではこれらの語を「自営業」と訳すことにする.

　他方, 上述の語に類似した概念として「起業家」(entrepreneur) がある. この概念は「新たに事業を起こす」ことを意味する. 本書が扱うデータでは起業家を厳密に峻別することができないために, 自営業の一部として起業家が包含されている. より正確にいえば, 調査の対象者が従業上の地位として自営業を選択した場合, その自営業が新たに事業を起こしたものであるか否かを区別できていない. そのため, 本書が対象とする自営業者は, あくまでも調査の回答項目において「自営業主, 自由業者」を選択した人びとが主な対象となる. 分析対象とする自営業の概念をめぐってはいくつかの議論が蓄積されているため, それらを検討したうえで改めて操作的な定義を述べる (第1章2節). なお,「起業家」については経済学や社会学を中心にして調査や研究が蓄積されている. 本書で十分に扱うことはできないが重要な視点であるために第1章の付記において主要な研究知見を整理する.

　本書では, 戦後日本の自営業の趨勢をよりよく理解するために, 自営業と専門職を合わせた「自営専門職」という概念を用いる. ここでの専

門職とは，日本標準職業分類や社会調査で用いられる「専門的・技術的職業従事者」を意味する．いうまでもなく，社会学をはじめとする学問領域では「専門的職業（professions）」については，その職業の認識のあり方から実証的な研究にいたる膨大な研究蓄積がある（e.g. 石村1969; 竹内 1971; 時井 2002; 藤本 2005, 2008; Saks 2010, 2016）．そのため，職業分類の大分類カテゴリとして扱う「専門的・技術的職業」に含まれる職業を「専門職」と総称して良いのか，さらには専門職と非専門職の境界が連続的になりつつある今日の職業構造において区分すること自体に意味があるのかという批判が考えられる．これらの批判に対しては筆者の力量と用いるデータの制約によって十分に答えることはできないという問題がある．そのため，概念自体に関する厳密な検討は課題として残されるが，長期的な自営業の姿を描き直すという本書の目的に照らして次善の策として「自営専門職」という語をあてることにした．

　また，本書では自営業の働き方を捉えるために比較対象として雇われて働く人びとの働き方（雇用者）も分析することになる．本書における雇用とは，「当事者の一方が相手方に対して労務を提供し，相手方がこれに対して報酬を与えるという関係に基づいた事業活動」を意味する（労働省編 1993）．国勢調査によれば雇用とは，「会社員・工員・公務員・団体職員・個人商店の従業員・住み込みの家事手伝い・日雇い・臨時雇いなど，会社・団体・個人や官公庁に雇用されている人」と定義される．労働基準法でいえば，雇用されて働く人（労働者）とは，「職業の種類を問わず，事業又は事業所に使用される者で，賃金を支払われる者」（第9条）である．

　第2章以降の分析では自営業と雇用の比較を試みているが，その際の「雇用」は「組織に常時雇用されて働く者（常時雇用者）」を主な対象としている．それ以外の雇用者を分析対象とする場合は個別の名称（臨時雇用，パート・アルバイト，派遣社員，契約社員など）を用いる．ただし，対象とするサンプルサイズが小さくなる場合は次善の策として常時雇用者以外の就業形態を1つにまとめて「非正規雇用者」とする．より詳しい分析対象については各章において明示している．

3. 統計データから見る日本の自営業

本書では，戦後から現代に至る自営業の姿を描いていくことになるが，それにさきだってマクロな統計データから日本社会における自営業の現状について基礎的な情報を示しておきたい．具体的には，まず諸外国と比較した場合の日本の位置づけを確認する．次に，この30年ほどの間に生じた都道府県ごとの自営業比率と職業構成の変化を示す．最後に人びとが自営業という働き方を選択することに対する意識を見ておきたい．

まず，諸外国と日本における就業者に占める自営業比率を確認する．ここでは，経済協力開発機構（Organization for Economic Co-operation and Development，以下OECD）が，2015年に集計したデータを示しておきたい（図序-1）．ここでの自営業は，経営者，個人事業主と家族従業者などを含めたものである．本書が対象とする自営業の操作的な定義は次章で述べることになるが，OECDでは家族従業者が含まれているため，自営業比率はあとで見る国勢調査に比べると若干高い値を示している点には注意が必要である（2015年の自営業比率は8.7%）．なお，就業者は15歳以上で調査期間の前週に少なくとも1時間以上働いた人びとである．

この図を見ると，自営業比率はコロンビアが51.3%と最も高く，アメリカが6.5%と最も低い．そして，日本は11.1%と全体の中で見ると，OECDやEUの平均よりも低い国々のうちの1つであることがわかる．日本の自営業比率は決して高いわけではないが，極端に低いわけでもないといえる．1980年代までは日本の自営業比率はOECDが集計した諸外国の中では高いほうに位置していた．具体的には，1980年の自営業比率は28.1%であり，その値は15ケ国の中で上から4番目であった（日本はメキシコ，韓国，イタリアに次ぐ位置）．ところが，日本の自営業者数は1980年代後半から減少し始め，1990年代（1990年から97年）では年率マイナス1.4%と，メンバー国で最も大きな減少率であったことが知られている（OECD 2000; 大沢 2013: 232-233）．

8

序　章　日本の自営業を読み解く──自営専門職に着目する意図

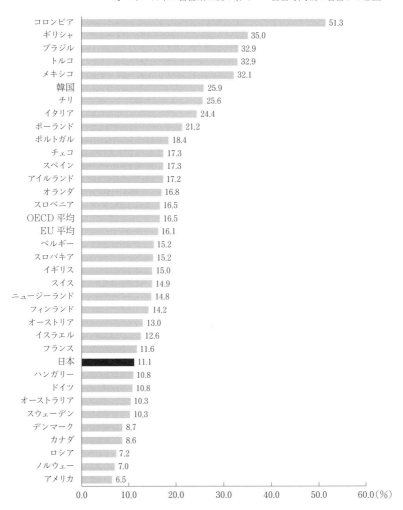

注：OECD (2018), Self-employment rate (indicator). doi: 10.1787/fb58715e-en (Accessed on 08 May 2018)
出典：OECD. Stat より筆者作成

図序-1　自営業比率の国際比較（2015年）

では，日本の自営業比率は全国的に見てどのように変化をしたのだろうか．ここでは国勢調査のデータを用いて 1985 年と 2015 年の変化を確認しておきたい（図序-2）．この図を見てわかることは，1985 年時点では都道府県によって自営業比率には濃淡が見られたが，2015 年時点では多くの都道府県の自営業比率は 5% から 15% の間に収まり，その違いはほとんど見られないことである．ただし，この数値には農業などが含まれているために本書が対象とする非農業の自営業とは定義に相違がある点に留意が必要である．しかし，自営業比率は都道府県によって多少の差が見られるとしても，その減少傾向が 1980 年代の後半以降に全国的に生じていることを類推することができる．本書では扱うデータの制約によって都道府県による違いを十分に考慮することができていないが，日本の自営業は全国的な減少を迎えた局面にあるということを念頭に置いておく必要がある．

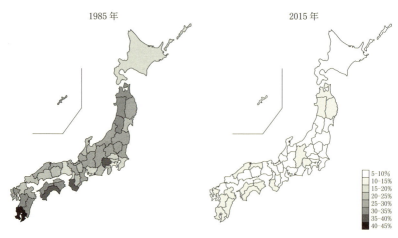

注1：ここでの自営業とは「雇人のある業主」と「雇人のない業主」である．また国勢調査の自営業には「農林漁業」が含まれている．そのため，1985 年時点で比率が高い箇所（鹿児島県，青森県，秋田県，山形県，山梨県，和歌山県，高知県など）は農業などの比率を考慮して検討する必要がある．
注2：マップの作成に際しては，統計ソフト R の Nippon パッケージ（ver.0.6.5）を利用した．
出典：総務省「国勢調査」

図序-2　都道府県別自営業比率の変化

　つづいて，どのような職業の自営業が減少したのかを見ておきたい

序　章　日本の自営業を読み解く──自営専門職に着目する意図

表序-1　職種別自営業者数の推移

	1985 年	2010 年
農林漁業従事者	256	108
販売従事者	185	67
生産工程従事者	163	75
専門的・技術的職業従事者	85	90
サービス職業従事者	81	77
その他の職種	114	132
合計（万人）	884	549

注1：ここでの自営業者とは「雇人のある業主」と「雇人のない業主」である.
注2：内閣府が作成した報告書より筆者作成（http://www.cao.go.jp/zeicho/gijiroku/zeicho/2015/_csFiles/afieldfile/2015/11/17/27zen18kai4.pdf 最終アクセス日：2018 月 5 月 8 日）
注3：政府統計が公表している合計の数値と若干異なるのは，職種を回答している人に限定しているためであると考えられる（1985 年：897 万人，2010 年：546 万人）．ここではおおよその数値を把握することにとどめる. https://www.e-stat.go.jp/（最終アクセス日：2018 年 5 月 27 日）
出典：総務省「国勢調査」

（表序-1）．自営業者数は 1985 年から 2010 年にかけておおよそ 890 万人から 550 万人へと減少したことはすでに述べた．その職業の内訳を見ると，農業が 256 万人から 108 万人へと大きく減少し，販売従事者や生産工程従事者も半数以下となっていることがわかる．ところが，注目したいのは専門的・技術的職業従事者の増加である．その増加は 85 万人から 90 万人へとそれほど大きなものではないが，「その他の職種」を除く職業が減少の一途をたどっている趨勢とは明らかに異なるものである．

「その他の職種」とは，日本標準職業分類でいえば「分類不能の職業」のカテゴリに該当するものを基本的に指している．その内実を特定することは公開されている数値からでは困難である．しかし，この間に諸外国の自営業で増加していることが知られているサービス産業（社会サービスや対人サービスなど）に関連する職業において増加している可能性がある（OECD 2000）．それらのサービス的な職業従事者の中には，介護や保健医療などにかかわる専門的な職業に近い職業も含まれていると

思われるが，ここではたしかなことはいえない．けれども，既存の職業分類では取り扱うことが難しい職業の自営業が増加しているということは，現代社会の中で「衰退する自営業」の諸職種とは異なる自営業の職種が芽生え始めていることを間接的に示しているのかもしれない．

　このように現代の自営業は社会調査を通してはつかみがたい多様な職種へと拡がりを続けている．にもかかわらず，本書は自営業の職種としては 16％ 程度と主流を占めているとはいえない「自営専門職」を 1 つの軸として分析を進めてゆく．その理由は本書の分析によって示されることになるが，従来の販売従事者や生産工程従事者としての自営業への参入は近年になるほど困難になっているのに対して，自営専門職への参入が徐々に生じやすくなるという顕著な傾向が見て取れることは，今後の自営業の姿を考えるうえでの専門的職業の重要性を物語っている（第 3 章）．加えて，自営専門職の職業経歴を記述してゆくと，その担い手は性別や学歴の組合せにはいくつかのパターンが見られると同時に，パターンによって年齢の構成にも相違が見られる（第 4 章）．このことは，自営専門職への入口（と出口）は複線的なルートになっていることが考えられるために，人びとにとっての働き方の選択肢をより拡げることに寄与するかもしれないことを意味する．本書の分析と考察は，自営専門職という対象が自営業の未来を映しだす存在であると同時に，日本社会にとっても重要な役割を果たす働き方となりうる可能性を秘めていることを示している．

　以上のマクロデータから見てきたように，日本の自営業は専門的・技術的職業を除いてこの 30 年ほどの間に衰退してきたといえる．いいかえると，日本の労働市場における自営業の役割は小さくなってきたという見方もできる．では，自営業という働き方の選択肢は人びとにとって忘れさられてゆくものなのだろうか．人びとが「自営業を選ぶか否か」という意思決定について，仕事の志向性に関する調査から見ておきたい．図序-3 は，「会社や官公庁などに勤める（被雇用者）」か「会社や店を経営する（自営業）」のいずれかを選ばなければならないとしたらどちらを選択するかという回答に対する比率を示したものである．1997 年時

12

序　章　日本の自営業を読み解く——自営専門職に着目する意図

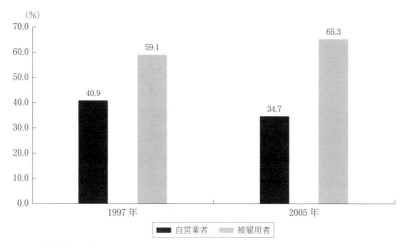

注1：1997年 N＝1065，2005年 N＝763
注2：データの詳細（ISSP Work Orientations）は次のアドレスに記載されている．
　1997年データ（http://dx.doi.org/10.4232/1.3090），2005年データ（http://dx.doi.org/10.4232/1.11648）
　（最終アクセス日：2018年5月18日）
出典：GESIS（https://www.gesis.org/）より筆者作成

図序-3　自営業か雇用の選択に対する意識

点と2005年時点で自営業を選択したいと考える人の比率はそれぞれ40.9％と34.7％である．この数値の高低を判断することは難しいが，少なくとも実際に自営業者として働く人の比率に比べると高いといえる（たとえば，2005年時点の国勢調査における就業者に占める自営業比率は10.6％）．この希望と実態の相違は，自営業者として働くことを望みながらも被雇用者にとどまっている人びとが多数存在していることを示唆している．

ではなぜ，少なからぬ人びとが自営業を選択したいと考えているにもかかわらず，実際には自営業を選択しないのだろうか．その理由の1つには，自営業として働くよりも雇用されて働く方がより暮らしやすいという人びとの判断があると思われる．たしかに，企業が年金や社会保険の一部を負担し，働く人びとの生活を保障してきたことを考えると，雇用されることによってそれを享受することの便益は大きい．とりわけ，その主たる受益者である「正規雇用」と呼ばれる人たちにとってはあえ

13

て生活のリスクが高まる自営業を選択することは合理的な判断とはいえないかもしれない．たとえば，生活のリスクとしては高齢期に受け取る公的な年金額は自営業者であれば雇用者よりも制度的な違いによって少ないことが予想される（自営業者は基本的に第1号被保険者であるために国民基礎年金のみを受給する）．

しかしながら，「雇用されることによって生活の安定が得られる」ということはどこまで「あたりまえ」なのだろうか．もしその前提が崩れるとするならば，人びとはそれでも雇用されて働くことを選択するのだろうか．このように考えると，控えめにいっても，社会の中に「雇われない働き方」という選択肢が残されていることは，人びとの活動の場を広げることに寄与するのではないだろうか．次節で述べるように，今日の日本社会が抱える社会的な問題や雇用の世界のこれからを考えると，「自営業として働く」という選択は雇用労働と比較してあながち「非合理」とはいいきれないかもしれないのである．

4. 自営業，とりわけ自営専門職に着目する現代的意義

本書では，専門的な職業に従事する自営業を鍵となる切り口にして戦後日本の自営業の姿を描きなおしてゆくことになる．本書が自営専門職に着目するのは，雇用労働が抱えている今日的な問題と雇用の未来が指し示す方向性から日本社会を見つめなおすならば，その対象から目を背けることができないのではないかと考えているためである．以下では，そのように考えるに至った背景を働くことをめぐる現代社会の問題，雇用の未来およびこれまでの研究という観点から述べておきたい．

4.1 働くことをめぐる今日的な問題

20世紀末から21世紀初頭の日本社会は，「失われた20年」と表現されるように経済活動の低迷が長期化することによって，人びとの生活環境はかつてないほど厳しい状況になりつつある．企業だけではなく政府が「民営化」をかけ声にして市場原理主義の方向へ舵を切るという構造

序　章　日本の自営業を読み解く——自営専門職に着目する意図

転換は，雇用の非正規化と所得水準の下落を引き起こした．より具体的には，1995 年の 1 人当たり雇用者報酬（賃金・俸給と雇用主の社会負担の合計）を 100 として，2010 年までの伸びを見ると，イギリスやアメリカを含む主要国の中では日本のみが 1 人当たり雇用者報酬が 1997 年から低下してきた（2010 年には 89.3）ことが示されている（大沢 2013: 182 −183）．その結果として私たちが目の前にしている社会は，標準的な所得の半分以下で暮らす相対的な貧困層の拡大，さらにはそうした生活環境で暮らす子どもたちの増加という深刻な社会問題を抱えている．

　1990 年代後半以降の日本企業はグローバルな企業間競争にさらされる経済環境のもとで正規雇用者の人員削減とパートタイム，派遣社員や契約社員と呼称される非正規雇用者への置換えを進めてきたことは周知の事実である．非正規雇用者の内実を見ると，パートタイム労働者の 3 割以上，契約・派遣労働者の 7 割以上は自身の収入が生活を賄う主な収入源であり，調査時点の月収（税込み）が 20 万円未満である人の比率はおおむね 5 割から 6 割程度である（厚生労働省「平成 22 年就業形態の多様化に関する総合実態調査」）．このカテゴリの中で最も給与水準の高い月収 20 万円に近い人だとしても，その収入から税金と社会保険料を差し引き，さらに家賃，光熱費と食費を考慮すると手元に残るのは数万円であると想像できる．このような低収入の状況に置かれた非正規雇用者の増加が「働く貧困層（ワーキングプア）」を生み出す要因の 1 つとなっている．

　こうしたデータは，経済的な困窮層が日本社会の内部に相当な厚みをもって存在していることを示唆している．端的にいえば，私たちが生きている社会は「働くことによって人間らしいまっとうな生活をおくることがむずかしい」という根本的な問題を抱えているのである．

　正規雇用者から非正規雇用者を中心とする企業社会への変容は，企業が働く人びとの生活を保障してきた従来の状況から個人が自らの生活を守る状況への変化と見ることができる．たとえば，医療・年金・住宅などの社会サービスの給付は正規雇用者を主な対象として，政府が業界の保護等によって企業経営をサポートし，その企業が雇用を通して働く人

15

びとの生活を保障する役割を果たしてきた．ところが，非正規雇用者は
それらのサービスを受けるために個々人が企業の代わりに自らで賄う必
要がある．要は，企業が従業員の生活を守るほど余裕がなくなりつつあ
るのである．

　こうした視点に立つならば，非正規雇用者は自らの生活を自らで守ら
なければならない存在であるため，企業に雇われていたとしても「企業
から独立した」働き方の1つの形態と見ることができる．いわば，非正
規雇用者は「自営業者」に近い状態に置かれている．誤解を恐れずにい
えば，現代社会は，たとえ雇われて働いていたとしても自営業のように
生活保障の面で企業から独立した働き方を迫られる時代にある．つまり，
「雇われて働く」という就業形態においても「雇われずに働く」という
要素が含まれており，両者は地続きの関係になりつつある．そのため，
現代の自営業を考察することは単に自営業のことがわかるだけではなく，
「雇用労働の現在」の理解を深めることにもつながると考えている．す
なわち，雇われて働くこと以外の選択肢の現実と可能性を見極めたうえ
で，雇用されて働くことを問い直すことが可能となる．

　さらにいえば，経済的な格差の問題を対処していくためには富（ない
し国としての財源）をどのように分配していくのかという課題に突き当
たる．その課題を考えるためには，「社会全体の経済力の余裕がないと，
格差を縮めるための富の再分配もままならないということを肝に銘じる
べきだ」（筒井 2015: 201）という指摘を思い起こす必要がある．加えて，
「有償労働の世界で多様な人々が活発に働く環境があること」（筒井
2015: 201）が経済力を高める1つの条件として提示されている．

　では，「多様な人々が活発に働く環境」とはいかなる場なのであろう
か．これまでの日本社会は，その働く場の担い手としては，職務内容を
限定せずに長時間にわたり働くことができる「正規雇用」が想定されて
きた．ところが，そのような企業社会のほころびは上述した通りである．
少なくとも，企業に勤めて長時間にわたり働くことができる人びとを前
提とするかぎり，働く担い手となりうる対象を入り口から絞りこむこと
になりかねない．働くことにおいて活発な担い手を少しでも多様に広げ

るという点において，自営業という選択肢を数ある中の1つとして検討の俎上に載せる意味が生じてくるのである．少子高齢化がますます進行する日本社会において働く場をどのように確保していくのか，働くことによって得られる富をいかに再分配するのかという点は実社会においても研究の世界においても喫緊の課題である．社会階層研究に関していえば，人口変動を考慮して社会階層を再考するという点はすでに中心的なテーマとなっている（e.g. 白波瀬 2005, 2009, 2018）．

　本書の文脈に即していえば，自らの生活を成り立たせるために身近な場で働き暮らすことができる1つの手段としての自営業という選択である．雇用されることがあたりまえではなくなりつつある時代において，生活の糧（たとえ就労だけによる収入で生活できなくとも）を稼ぎ，税や社会保険の負担を一定程度担うことができる小さな働く場をつくる手段として「自営業」に着目し，「自営的に働くこと」の現実と可能性をデータに基づいて考えてみたいのである．そのためには，自営業や雇用という就業形態の選択肢と同時に，人びとが担う仕事をめぐる昨今の大きな変化とその展開，すなわち雇用の未来を視野に入れる必要がある．そのことを視野に入れた先には，自営業かつ専門職という本書が着目する働き方は雇われることを前提としない働き方や暮らし方を構想するうえで重要な意味を帯びてくるのである．

4.2　雇用の未来と専門的な職業の拡大

　近年，人工知能（AI）やロボティクス（工学の諸分野や情報科学を統合して高度なロボットに関する研究を行う学問分野）の進展にともなって，人間が担う仕事とロボットが担う仕事をめぐる調査や研究が進められている（e.g. Frey and Osborne 2017）．日本に関する野村総合研究所の調査によれば，労働人口の約49％が就く職業は10年から20年後にはAIやロボットによって技術的には代替できるという推定結果を示している（日本経済新聞 2016年4月29日）．その調査では，代替の可能性が低い職業として教員，医師やデザイナーなどの専門的な職業が挙げられている．

ここではそれらの論争の詳細に立ち入ることは控えるが，技術的な革新によって人間がこれまで担ってきた定型的な仕事は減少していくという流れであることは疑いえないと考えられる．逆にいえば，非定型的な仕事を通して何らかの付加価値を与えることが可能である専門的な職業がより重要な役割を果たすことを意味している．この流れによって，正規雇用や非正規雇用の仕事は就業形態の区分にかかわらず，定型的な仕事，すなわち機械が代替することができる（自動化できる）仕事であれば雇用される機会は徐々に減っていくことを予想できる．

　一方，企業の側に立つと，人事の面でこれから重要なことは「人間にやらせる仕事と機械にやらせる仕事の的確な振り分け」（大内 2017: 171）であるだろう．このような仕事の再編成の結果，人間の仕事として残るのは，AI によって対処することが難しい（少なくとも AI が対応するよりも人間の方がよりうまく対応できる）仕事であるだろう．すなわち，その仕事は非定型的な仕事，あるいはより高い付加価値を必要とする仕事であると考えられる．

　そのような仕事に求められる１つの条件は専門的な知識や技能に基づく個々人の創造的な活動であるだろう．つまり，倫理的な判断や対話が求められる複雑な営みである（たとえば，先に述べた仕事を人間か機械に割り振るような管理的な仕事）．日本標準職業分類でいえば，「管理的職業従事者」や「専門的・技術的職業従事者」がそれに該当する（何をもって専門職とするかという職業分類自体も問題になるが，ここでは踏み込まない）．とりわけ，後者については個々人が時間や場所の制約をなくしてより自由な環境で働くことも可能であり，情報通信技術（ICT）の発達にともないすでにそのような働き方が可能となりつつある（テレワークはその典型例である）．

　これらの働き方では，仕事内容（職務）はより特定され，かつその職務における専門的な技能が必要となる．そのような技能を有する担い手はもはや正規雇用として企業の中で抱えておく対象ではないかもしれない．なぜなら，正規雇用のように各企業内で長い期間をかけて育成していくことは，技術革新のスピードが早い今日の状況に照らすと，企業に

とって教育にかけるコストのわりにはそれによるリターンの見込みが低いと予想されるためである．そのため，従来のように企業の内部で働く担い手を確保するよりも，企業の外部から技能を有する担い手を確保する方が企業にとっては効率的であると考えられる．その流れの帰結の1つとして，「自らのプロとしての技能を提供するという自営的な働き方が広がっていくだろう」（大内 2017: 172）という指摘は極めて重要な意味を持つ．

　つまり，今日の日本社会では依然として長期的な雇用契約のもとで企業に雇われて働く人びとが主流であるが，そうした人びとにおいて自営的な働き方と無縁ではいられなくなるのではないか，しかも専門的な自営業として働く／働かざるを得ない機会はより増えるのではないかというのが筆者の考えである．上述したように「多様な人びとが活発に働く環境」ということを念頭に置くならば，専門的な技能を有しつつ自営的に働くという選択肢は少なくとも働く場の裾野を広げることに寄与するのではないかと考えている．以上のような社会的な背景と雇用の世界で生じることに鑑みると，本書が焦点を当てる「自営専門職」という対象は日本社会における働き方を考えるうえでも必要不可欠なのである．

4.3　自営業に関する研究と本書の位置づけ

　ここまで述べてきたように，日本社会が抱えている問題と雇用の未来に目を向けると，自営業という働き方は時代遅れで衰退していくという常識的な理解だけでは片づけることができないといえる．ところが，自営業の世界は，社会学，とりわけ日本の社会学では，「被雇用層ではない」という消極的な形で1つの階層として認識されてきた（鄭 2002: iii）．前節で示したように日本の自営業が1980年代の後半以降に減少したという事実に照らすと，研究対象として積極的に取り上げる必要はないのかもしれない．しかしながら，ひとたび諸外国における自営業の動向を視野に入れるならば，「自営業の減少」は自明のことではないことがわかる．より具体的には，1980年代以降におけるOECDに加盟する多くの国々では自営業は景気の循環にともない増加と減少を繰り返して

いることが知られている（OECD 2000）．それに比べると，日本の自営業は30年以上にわたり減少を続けている例外的な国なのである（玄田ほか 1998；Genda and Kambayashi 2002；Kambayashi 2017）．

　ここには，日本の自営業を対象とする大きな研究課題が横たわっている．すなわち，「なぜ，これほどまでに長期にわたって継続的に自営業が衰退し続けているのか」という課題である（神林 2017: 317）．この研究課題に答えることは日本を研究対象とするかぎり決して逃れることはできない．というのも，本節の冒頭で断片的に示した正規雇用と非正規雇用の間に生じている問題の背景には，「自営業の衰退」が大きく関係しているためである（神林 2017）．さらにいえば，自営業が衰退して雇用の世界が膨らむと，「学歴・学校歴が労働力の配分においても，個々人の職業アスピレーションにおいも，決定的に重要になる」（野村2014: 247）のである．いいかえると，今日の経済的な格差や学歴にともなう不平等の問題を対象とするにしても，自営業を理解する必要が生じてくるのである．

　しかしながら，自営業に関する研究は経済学や社会学のいずれにおいても十分に蓄積されているとは言い難い状況である．主な研究については第1章で整理することになるが，自営業は「周辺的」あるいは「残余的」な働き方の形態として捉えられてきたために，研究対象としては脇に追いやられてきたといえる．少なくとも，社会学の社会階層研究においては雇用労働を主な研究対象としてきたために，自営業に関しては依然としてわかっていないことが多いのである．「戦後」という長期的な視点から自営業を捉え直すことを通して，現時点の自営業を位置づけるという研究課題は当該研究の間隙に残された問題の1つである．戦後日本の自営業の姿を再構成することを通して，上述した「なぜ日本の自営業は諸外国に比べて減少してきたのか」という大きな問いに対して，1つの仮説を提示してみたいのである．

5. 本書の構成

　以上の目的を探求するために本書の構成は以下の通りである．

　第1章では，計量社会学的な自営業研究を展開するに先立ち，自営業の認識をめぐる従来の研究，および自営業に関する国内外の研究潮流を整理する．そのうえで，日本における自営業研究の課題を具体的に指摘し，その課題に対する本書の検討課題を明示する．

　第2章から第6章では，全国調査によるデータを用いた計量分析によって，職業移動・職業構成・職業経歴・所得の検討課題に取り組む．これらの検討課題は，次のような意図に基づいている．まず，失業率と自営業への／からの職業移動に焦点を当てる．この検討は，これまでの研究において自営業は雇用状況の悪化に際して，人びとに働く場を提供するか否かという論争が自営業に着目する出発点として繰り広げられてきたが，日本の文脈を考慮しつつ1つの答えを提示することを目的としている．これによって，ブルーカラー（熟練職や半熟練職など）やホワイトカラー（販売職や事務職など）の自営業は失業の受け皿とはなり得ないが，専門職の自営業は失業の動向とは関係のないところで参入や退出が生じていることを示す（第2章）．

　この結果は，自営業の職業構成がブルーカラーやホワイトカラーから専門職へと変容していくことを示唆するものであるが，その趨勢を捉えるためには長期的な視点から歴史的に生じた現象なのかを常時雇用と比較しながら明らかにする必要が残される．そこで第3章では戦後から現代にかけて自営業の職業構成がどのように変化してきたのかを職業構造の変動を考慮したうえで明らかにする．この検討によって，日本の自営業の職業構成は徐々に専門職へ姿を変えつつあることを示すが，どのようなタイミングで誰が自営専門職へと参入するのか，そこには何らかの職歴パターンがあるのかという疑問が残る．

　そこで続く第4章では，自営専門職を選択する人びとがどのような職業経歴をたどっているのかを把握する．そのうえで，第5章と第6章で

は自営業への移動の帰結としてどの程度のお金を稼いでいるのかを見極める。具体的には自営業者の所得は職業によってどの程度異なるのか、その違いは時代によって変化しているのかを検討し（第5章）、さらに専門職において自営業者の所得は他の従業上の地位（常時雇用者と非正規雇用者）とどの程度異なっているのか、異なっているとすればそれはなぜなのかを仕事の特性を考慮したうえで明らかにする（第6章）。

終章では、第2章から第6章までの分析結果に基づいて本書の結論を提示したうえでその含意を考察する。最後に今後の課題と展望を述べて本書を締め括る。

付記　本書で用いる社会調査データ

本書の第2章から第6章の分析で使用する社会調査データについて説明する。分析対象や使用する変数などは各章において説明するため、以下では調査の概要を示す。

第2章から第6章では「社会階層と社会移動全国調査（Social Stratification and Mobility）」（以下、SSM調査）のデータを用いた。SSM調査は、1955年から10年おきに全国の20歳から69歳までの男女（女性は1985年から）を対象として行われている調査である（2015年調査は20歳から79歳まで）。本書では、1955年から2015年までのSSM調査データを用いた。データの二次分析の使用に当たっては、2015年SSM調査データ管理委員会の許可を得た。

これらの章は、特別推進事業（研究代表者：白波瀬佐和子、課題番号：25000001）および東京大学社会科学研究所附属社会調査・データアーカイブ研究センター 2017年度課題公募型二次分析研究会「現代日本における格差・不平等の趨勢とメカニズムに関する研究」（研究代表者：盛山和夫）の研究成果の一部である。

第6章では「日本版 General Social Surveys」（以下、JGSS）の2000年、2001年、2002年、2003年、2005年、2006年、2008年、2010年、

序　章　日本の自営業を読み解く——自営専門職に着目する意図

2012年のデータを用いた．調査対象者は全国の満20歳から89歳までの男女である．JGSSは，大阪商業大学JGSS研究センター（文部科学大臣認定日本版総合的社会調査共同研究拠点）が，東京大学社会科学研究所の協力を受けて実施している研究プロジェクトである．JGSS-2000〜2008は学術フロンティア推進拠点，JGSS-2010〜2012は共同研究拠点の推進事業と大阪商業大学の支援を受けている．また，JGSSの二次分析に当たり，東京大学社会科学研究所附属社会調査・データアーカイブ研究センターSSJデータアーカイブから各年の個票データの提供を受けた．

　各調査に関わってこられた皆様，そして調査にご協力いただいた方々に対し，ここで記して深く感謝申し上げる．なお，本書は科学研究費補助金による特別研究員奨励費（DC2）「就業形態間における職業移動に関する社会学的研究——東アジアの階層比較に向けて」（課題番号：13J07904），特別研究員奨励費（PD）「失業経験者の職業経歴に関する社会学的研究」（課題番号：15J04049）による成果の一部である．また，本刊行物は，JSPS科研費（課題番号：18HP5173）の助成を受けたものである．本研究の成果は著者自らの見解等に基づくものであり，所属研究機関，資金配分機関及び国の見解等を反映するものではない．

第1章

自営業の見方・測り方
──社会階層研究の蓄積と残された研究課題

　本章では，現代日本の自営業を捉えるために，どのような分析枠組み
が必要であるかを社会学の社会階層研究を1つの土台として明らかにす
る．そのためにまず，研究領域における自営業の認識をめぐる問題を整
理する．次に，諸外国における先行研究の動向を概観し，国内の研究動
向にも目を向けたうえで残された研究課題を整理する．最後に第2章か
ら第6章で明らかにする具体的な検討課題を明示する．

1. 自営業の認識をめぐる問題

　階層・階級研究において「自営業」という対象は，その認識のあり方
をめぐって多くの議論が積み重ねられてきた[1]．そしてその認識は，
「ある種の偏見」（鄭 2002: 5）をともなって捉えられてきた．その見方
とは「自営業は産業化にともなって消滅する，あるいは衰退する」とい
うものである．そのため，自営業は周辺的あるいは残余的な就業形態と
して研究対象の脇に置かれてきた．本節では，こうした自営業に対する
認識がどのような研究の流れの中で生じたのか，その概念をめぐる理論
的／実証的な論点を簡潔に振り返ったうえで，本書が対象とする自営業
を明らかにする．

1.1 自営業への視点
　社会階層研究において自営業が重視されてこなかった1つの理由は，
「旧中間層」という概念にあると考えられる（野村 2014: 232）．旧中間
層という概念は，新中間層の対概念である．中間層という考えの背景に

は，マルクス主義（あるいはネオ・マルクス主義）の立場がある．その立場を大雑把に要約すると，「階級構造において上は資本家が存在し，下は賃金労働者が存在し，両者の階級的な対立が先鋭化していく」という近代社会の理解である．この2つの階級の間にあって，そのどちらにも所属していないと考えられる層が中間層（中間階級）と呼ばれていた．

しかしながら，現実の社会では資本主義の発達とともに，資本家と賃金労働者の間にある事務員，セールスマン，技術者や管理者という中間的な層が増大した（野村 2014: 233）．彼ら／彼女らが新中間層と呼ばれるようになり，その対比として資本主義以前から存在していた中間層が旧中間層と呼ばれるようになった．つまり，自営業を指して「旧」中間層とする認識の仕方である．

旧中間層は，「旧」という名称からもわかるように，資本主義社会においては適合的な存在ではない，あるいは時代にそぐわないと考えられることが一般的に広がっている．いうまでもなく，こうした自営業に対する視点の背景には，マルクスらによる旧中間層没落論がある．その象徴的な見解は『共産党宣言』（Marx and Engels 1848＝1951）において次のように示されている．

　　これまでの下層の中産階級，すなわち小工業者，商人および金利生活者，手工業者および農民，これらすべての階級はプロレタリア階級に転落する．それは，あるばあいにはかれらの小資本が大工業の経営には足りず，もっと大きな資本家との競争に負けるからであり，あるばあいにはかれらの熟練があたらしい生産様式によって価値を奪われるからである．（Marx and Engels 1848＝1951: 49-50）

自営業はこの宣言によって「旧中間層」としてのイメージ（実態がどうであるかはともかく）が決定的となったと考えられる．たしかに，橋本（1999: 41-43）が指摘しているように，マルクスは旧中間層の没落論とは異なる見解を示していた点に留意が必要である．すなわち，『資本論』第3巻の中では，資本主義的蓄積にともなって，商業分野において

第1章 自営業の見方・測り方——社会階層研究の蓄積と残された研究課題

は小規模経営が広く行われるという見解である（Marx 1894＝1967）．こうしたマルクス自身による批判はあるとしても，自営業（旧中間層）は「遅かれ早かれ没落するのであれば，本格的に論じるに値しない」（野村 2014: 233）という視点がマルクス的な立場を取るかどうかにかかわらず，研究者の間では広く共有されてきたと考えられる（とはいえ，後述するように自営業を対象とする研究は蓄積されている）．

　たとえば，ウェーバー的な見方やベックホッファー的な見方がそれにあたる．ウェーバーは資本主義社会が発達するにつれて官僚的な組織形態が進むことを想定しており，そうした社会は雇用関係が中心となることを前提にしている（Weber 1968）．そうした前提に立つならば，ウェーバーは直接的に旧中間層の衰退に言及しているわけではないが，基本的には大きな組織形態をもたない自営業は周辺的な存在として捉えていたと考えられる．

　一方，ベックホッファーは資本主義が進展したとしても自営業は存続していくと捉えていた（Bechhofer and Elliott 1976）．しかし，その存続の仕方はごく小さな生産規模のために，生活を維持するうえで必要最低限の「限界的」な状況によって存在する形態として自営業を認識していた．その反面，ベックホッファーは自営業をより広く就業機会を提供する存在として，さらには自らの生活を追求し，自らのボスとなるというより良い暮らしを実現するという意味で「リーズナブル」な存在としても捉えていた（Bechhofer and Elliott 1985）．そのため，ベックホッファーはマルクスやウェーバーとは異なる認識ではあるものの，自営業は資本主義社会においては中心的な存在ではないという点において共通した視点を有していたと考えられる．

　以上見てきたように，階層研究とその隣接領域では旧中間層ではなく新中間層に焦点が当てられてきた．また，そうした状況は戦後日本の階層研究においても顕著であった．後に見るように，社会移動研究では自営業は到達的な階層の1つとして注目されてきたが，当該領域の研究蓄積に鑑みれば，あまり注意が払われていない階層として位置づけられてきたといえる．

27

ところが，日本の労働市場を歴史的に見つめ直すと，雇われて働くという働き方が主流となるのはたかだか 100 年ほどのうちに生じたものであることを思い起こす必要がある（e.g. Gordon 1985）．より具体的には，新卒一括採用や長期雇用という日本の人事管理システムの特徴は戦前期の日本企業には見出すことはできず，戦後新たに獲得されたものであるという点である（神林ほか 2017: 81-82）．さらにいえば，「日本的」な雇用システムの歴史は，20 世紀初頭にホワイトカラーの上層で発生し，次いで戦間期にホワイトカラー全体へ，そして高度成長期にブルーカラーを含む従業員全体へと拡大してきたと考えられている（菅山 2011; 神林ほか 2017: 82）．すなわち，学校から労働市場への「間断のない移動」の仕組みが定着し，学校を卒業するということが企業に雇われて働くという「就職」を意味する日本社会の常識が誕生したのは高度成長期においてである（神林ほか 2017: 98）．今日の雇用労働の状況とその綻びは序章で述べた通りであるが，「雇われて働く／働き続ける」という働き方は長い労働市場の歴史の中では比較的に新しいものなのである．つまり，私たちがあたりまえだと認識している雇用労働の世界はそれほど旧いものではないのである．

　加えて，自営業の存在を経済活動の遅れとみなすか（伝統的セクター），それとも自営業を独立精神旺盛な企業家による経済活動のあらわれとみなすか（近代的セクター）は未だに解決されていない問題なのである（佐藤 2004: 53-54）[2]．にもかかわらず，上述したような自営業は衰退する存在という位置づけは，自営業をめぐる認識の問題と同時に，自営業を実証的にどのように捉えるのかという点においても難しさを抱えていたことと関係している．次にその点について見ていきたい．

1.2　自営業という概念

　自営業は，社会学，経済学，歴史学など社会科学領域において研究対象とされ，さまざまな分析視角に基づいて研究がなされてきた．ところが，「自営業」という概念は現在にいたっても統一的な見解は存在していない（西村 2003: 62）．もちろん，それぞれの研究領域によって概念

第1章　自営業の見方・測り方——社会階層研究の蓄積と残された研究課題

定義はなされているが，共通する側面と異なる側面を含みながら自営業
の集合体としての自営業層にアプローチしている．ここでは，社会階層
研究において自営業層を包括的に捉えた鄭による概念整理を利用して，
自営業の理論的な側面と実証的な側面についてまとめたい（鄭 2000,
2002)[3]．具体的には，自営業の理論的な側面として，労働者の残余的
な性質，企業家的な性質，内実の異質性，労働状況における自律性の4
つの側面から検討する．実証的な側面については，従業上の地位（経営
者，自営業主，自由業者，家族従業者などの扱い）と事業規模（雇用者数の
扱い）について見ていく．そのうえで本書が対象とする自営業を示す．

自営業の理論的側面

　自営業研究を主導してきたのは経済学からのアプローチである．経済
学では，戦前は「労働者の残余的な性質」として，戦後は「企業家的な
性質」として自営業を捉えている．

　第1の側面は，労働者の残余的な性質である．戦前の自営業は零細層
あるいは貧困層と見なされ，自営業層とは単に近代的な労働市場に参入
できなかったすべての人びとという点において労働者の残余カテゴリと
して捉えられてきた．すなわち，雇用機会の不在または解雇によって潜
在的な失業状態にある人が自営業という形で自己雇用の形態をとってい
るという考え方である（鄭 2002: 12)．この考え方は，戦後の研究にお
いても色濃く残っている．そして今日においても失業と自営業の関係は
実証的な検討課題として研究が積み重ねられている．次節で詳しく見る
ように，諸外国において自営業に再び注目が集まった1つの背景には，
1980年代以降に欧米で生じた失業者（率）の上昇と自営業者（率）の上
昇の関係がある．むろん，自営業が潜在的な失業の受け皿になるかどう
かは，各国の労働市場を取り巻く制度的な条件によって自営業の性質が
異なるために自明のことではない．この点については職業移動研究の知
見をふまえて，日本の文脈に照らして失業（率）と自営業への参入（あ
るいは自営業からの退出）の関係を実証的に検討する（第2章）．

　第2の側面は，自営業層の企業家的な性質である．この視点では自営

業層が資本を所有し，自分の労働力あるいは他人の労働力を結合することによって利潤を創出すると捉える（鄭 2002: 13）．スケースとゴフィーによれば，こうした性質を持つために自営業層を「企業家的中間階級」と位置づけている（Scase and Goffee 1982）．彼らは自営業層の内部には資本の所有は小さく労働者としての性格が強い「限界層」と資本を所有し世代間の継承によって確固たる地位を築いている「確立層」に区分している．この見方は自営業層を単に労働者の残余としてみるのではなく，労働者に近い存在を認めながらも同時に，自らの事業活動によって上昇する層が含まれていることを示唆している．自営業の企業家的な性質は第3節で見るように，日本の自営業研究においても明らかにされている（e.g. 稲上 1989; 清成 1990）．

　第3の側面は，自営業層の異質性である．第2の側面で指摘した「限界層」と「確立層」の間にはさまざまな自営業の存在を指摘するものである．この視点は主に歴史学（歴史研究）から得られた知見である．歴史研究では自営業が産業化の中でいかに生き残り，変容してきたかに焦点を当ててきた（e.g. Crossick 1977＝1990）．この研究では，近代的セクターと伝統的セクターの併存という視角から資本主義の発展を説明することを目指している[4]．その発展に伴って自営業はその性質を変えながら異質性の高い層であるという点を強調している．いいかえると，ヨーロッパにおける自営業層の置かれた状況は多様であり，統一性にかけた姿こそが自営業層の階層としての特徴であることを描き出しているといえる（鄭 2002: 10）．日本の自営業層に関していえば，自らの労働の提供による報酬としての収入を得ている人びと（自営業の下限）から労働の提供ではなく経営活動を主とする人びと（自営業の上限）という幅のある階層として捉えている（鄭 2002: 166-169）．

　第4の側面は，自営業者の労働過程における自律性である．この視点は前項で述べたマルクス的な視点である．マルクス的な視点において階級所属の決定の基本的な基準は，「生産手段の所有」である（橋本 1999: 55）．すなわち，自営業は自らの生産手段を所有しており，自らの労働を行なうことによって生計を維持している階級である[5]．この観点

に立てば，自営業者は自らの労働力を他者へ売っているわけではない点において搾取過程からは自由である．つまり，マルクス的な視点では労働状況における自律性に基づいて自営業層を定義している（鄭 2002: 11）．その視点では，他人の労働搾取から剰余価値が生じていると捉えるために，自営業は基本的に他人の労働力に頼らない家族労働に限定している．マルクス的視点に数理的・計量的手法を取り入れているライトは，1 人でも労働者を雇うと階級の位置は変わることを指摘している（Wright 1985: 195)[6]．このようにマルクス的な視点では自らの労働過程を統制しているかどうか，すなわち自律性を有しているかによって自営業を定義づけている．

　以上，自営業を認識するための理論的側面を整理してきた．こうした側面が現代の自営業を捉えるうえでどの程度有効であるかは検討の余地が残されているが，既存研究との接続と発展を考えるうえでは必要不可欠な視点を与えてくれる．つづいて，自営業の実証的な側面について見ていきたい．

自営業の実証的側面

　自営業を操作的にどう概念定義するのかについてはこれまでにいくつもの見解が示されてきた．ここでは，本書が依拠する日本の社会階層研究における自営業の扱いを中心に整理する．結論を先取りしていえば，本書では「自営業主あるいは自由業者として自己認識している者」と「経営者かつ従業員数 30 人未満の者」を「自営業」と定義する（農林漁業を除く）．

　日本の社会階層研究では，人びとの働き方を捉える際に「総合分類」という区分を用いる方法がある[7]．総合分類とは，「産業，従業先の規模，狭義の職業，従業上の地位の 4 次元を総合したもの」である（安田・原 1982: 87）．本書においても基本的にこの分類方法に準じて議論を進める．ただし，自営業に関しては，「従業先の規模」と「従業上の地位」の扱いは研究者によって異なっている．前者は，「従業員が何人までの経営者を自営業者に含めるか」についての扱い，一方，後者は

「家族従業者を含めるかどうか」についての扱いの相違である．これらの違いが生じる背景には，先述した理論的側面が関係している．

「従業先の規模」は，「他の労働力をどの程度まで所有した人びとを自営業者とするか」という点である．生産手段をもつ自営業者は労働者を雇うごとに彼ら／彼女らの労働力を管理する仕事が生じる．管理的な仕事が増えれば増えるほど，自営業者としての特性は薄れてゆき経営者としての特性に近づいていく．どの段階までを自営業者（あるいは経営者）とするかを厳密に特定することは困難であるが，先行研究の多くは従業員数が「10人未満」，「30人未満」，「300人未満」のいずれかが用いられてきた．このうち，「300人未満」の経営者は自らが労働に関わるよりも経営に比重が置かれていると考えられるために採用しない．「10人未満」か「30人未満」かの区分は明確ではないが，既存研究で最も多く使われてきた「30人未満」を用いる．ここでは既存研究との対比を優先させて「30人未満」という基準を採用することにした[8]．

一方，「従業上の地位」は「家族従業者」（あるいは内職）を自営業に含めるかという点である．白倉らによれば，「家族従業者は，名義的には資産を所有していなくても，意識上は自営業主と資産・経営の実権を共有している」ために，家族従業者を自営業に含めることには意義があることを主張している（白倉・岩本 1988: 334）．たしかに，家族従業者の中にはやがて自営業者になるものが含まれていることが考えられるため，この主張には一定の妥当性がある．社会階層を世帯として捉える立場に立つならば，家族従業者は自営業を営む世帯を構成する一員であるため，家族従業者を自営業に分類することが自然である．実際に，家族従業者と自営業者を同一カテゴリとして扱う研究がある．しかし，家族構成やジェンダーの観点から自営業を捉えるうえでは家族従業者を別のカテゴリとして扱う必要がある．なぜなら，家族従業者の大半が女性であること，そしてその数は1990年以降に急速に減少していることを考慮するならば，家族従業者は自営業に対して従属的な位置にあるだけでなく，ジェンダーによって規定された就業形態であるためである（瀧川 2014）．こうした点に鑑み，本書では「家族従業者（と内職者）」は自営

業に含まないことにする.

以上の議論をふまえて，本書が分析対象とする自営業を次のように定義する．すなわち，自営業とは，（1）自営業主あるいは自由業者として自己認識している者，（2）経営者かつ従業員数 30 人未満の者，（3）家族従業者と内職者は含まない，である.

2. 諸外国の研究動向

本節では，諸外国における自営業に関する研究動向を見ていく．まず，自営業に注目が集まった 1980 年代の背景とそれを契機とする研究の流れをおさえる．そのうえで，社会階層研究における自営業に関する研究知見をまとめる.

2.1 1980 年代に生じた自営業の増加をめぐる論争

近年の自営業研究を支える 1 つの関心として，減少の一途をたどっていた自営業数が 1980 年代に OECD 諸国において増加へ反転した事実を挙げることができる（OECD 1986, 1992, 2000）．この現象を説明する 1 つのメカニズムとして，自営業が潜在的な失業者を吸収する役割を果たしているかどうかという点に注目し，自営業と失業の関係を実証的に検討する研究が蓄積されている（e.g. Steinmetz and Wright 1989; Meager 1992; Bögenhold and Staber 1991）．これらの研究において，失業率の上昇という労働市場の悪化は，被雇用に就く機会が欠けている状態として理解されている．すなわち，失業は，労働市場から（溢れた）人びとを自営業に「押し出す」というプッシュ要因の 1 つとしてみなされてきた（Buchmann et al. 2009）.

こうした見解の背景を理解するためには，被雇用の労働市場が十分に機能しない状況において自営業が潜在的な失業者を吸収する状況を考察したインフォーマルセクター論が有益な視座を与える（Portes et al. 1989）．広義のインフォーマルセクターとは，政府によってその実態を正確に把握するのが難しい経済活動である（Portes and Haller 2005;

Williams and Round 2008)[9]. ただし，その経済活動はすべて合法的な
ものである（Williams and Windebank 1998）．狭義のインフォーマルセ
クターとは，給与が支払われる被雇用者（フォーマルセクター）以外の
就業形態である（Portes et al. 1989）．より具体的には，被雇用者ではな
いという点で自営業者と家族従業者などがインフォーマルセクターに該
当する（Yu 2001）．つまり，インフォーマルセクター論に立脚すれば，
自営業が潜在的／顕在的な失業者の就業先を提供する役割を担うことが
想定されている．

　この想定に基づくならば，失業率の上昇に伴って自営業への参入は増
加していくと予測できる．この予測は，失業率の循環的な変化に対応し
て，就労人口における自営業者の比率も変動するという景気循環仮説の
枠組みのもとで検証が試みられており，アメリカやイギリスを対象にし
た実証研究が蓄積されている．しかし，景気循環仮説に関しては一貫し
た結論には至っていない（Aronson 1991）．たとえば，the Monthly
Labor Review を用いたアメリカを対象とする研究では，景気循環仮説
を支持する見解が示されているものの（Bregger 1963; Ray 1975;
Becker 1984），イギリスを対象とする研究では否定的な見解を示す結果
が残されている（Creigh et al. 1986）[10]．こうした失業率と自営業への
参入との関係に関する非一貫的な見解は，日本を対象とする一連の研究
でも確認できる．たとえば，ブランチフラワーは，日本の失業率と就労
人口に対する自営業の比率が負の相関関係にあることを指摘し（Blanch-
flower 2000: 484），景気循環仮説の予測とは相反する結果を示した．一
方で，OECD（2000: 175）は失業率と自営業数の正の相関関係にあるこ
とを提示した[11]．

　これらの異なる結果が生じるメカニズムを説明するためには，各国に
おける労働市場の制度的条件を考慮する必要がある．とりわけ，自営業
への参入（あるいは自営業から退出）を検討するにあたっては，被雇用者
の解雇を規制する雇用保護に関する制度（Employment Protection Leg-
islation）が重要な意味をもつ（Mueller and Arum 2004）．その観点から
すると，アメリカは比較的に雇用保護の弱い制度を持つために，人びと

第 1 章　自営業の見方・測り方——社会階層研究の蓄積と残された研究課題

を被雇用に押しとどめる力が小さい[12].　その結果，被雇用者の就業機会が減少したときに，就業先として自営業が選択されたと考えられる．一方，イギリスは，アメリカと比べると雇用保護の制度が相対的に強い．そのため自営業への移動は抑制されるように考えられるが，起業を支援する制度を導入することによって，自営業者数が 1980 年代前半に増加していた（e.g. Cowling and Mitchell 1997）[13].　しかし，自営業者が増加するかどうかは，イギリス国内の地域によって結果が異なっており，失業率と自営業者数の関係は明確なものではない（Creigh et al. 1986）．イギリスで景気循環仮説が一貫した結果を持たない理由は，地域の労働市場におけるインフォーマルセクターの特徴の違いによって，自営業が果たす役割も変わりうることを示唆していると考えられる．つまり，各国の制度的条件によって，自営業が失業者を吸収するようなインフォーマルセクターとしての役割を果たすかどうかが異なるために，景気循環仮説の結果が支持されたり，支持されなかったりすると解釈できる[14].

　日本に関していえば，OECD の結果をみると，日本の自営業は潜在的な失業者を吸収するようなインフォーマルセクターとしての役割を果たしている側面もあるように考えられる．しかし，日本の自営業を取り巻く制度は他国とは大きく異なるので，たとえ同じ自営業カテゴリであっても単純に他国と比較することは避けなければならない．日本の場合は，雇用保護の制度がアメリカやイギリスに比べて厳しいこと（被雇用者を解雇しにくい）に加えて[15]，親からの遺産や贈与の移転を容易にさせる相続税の「事業継承制度」が決定的に重要である（橘木 1994）．後者の制度によって，自営業へ参入するための初期資本の制約を乗り越えることが容易であるために，親子間の地位継承が強く結びついていた点を見過ごすことはできない．逆にいえば，日本の自営業の場合，親からの継承以外では初期資本のハードルのために参入障壁が高いことが考えられる．つまり，日本の自営業は海外のインフォーマルセクターが想定するような自営業（参入障壁が低く，失業者の受け皿となる自営業）とは大きく異なる就業形態と考えられる．

　このような諸外国で見られた自営業の増加という現象によって，社会

35

階層研究においても再び注目が集まるのである.

2.2 社会階層研究と自営業

自営業の再出現という現象は社会階層研究において自営業を改めて注目すべき研究対象との認識を促し，さまざまな関心と分析視角に基づいて研究がなされてきた．自営業が社会階層研究の中で具体的にどのような視座から研究がなされてきたかについて整理しておきたい．先行研究の整理にあたり，包括的にレビューがなされているミューラーとアルムらの研究を主に参照し（Mueller and Arum 2004: 5-9），現代日本の自営業を取り上げるうえでも必要不可欠な側面に絞ってまとめていきたい．その論点とは，「自営業内部の異質性」[16] と「世代間・世代内移動」である [17]．以下，順に見ていく．

自営業内部の異質性

自営業内部の異質性とは，自営業が熟練職と販売職のような従来から存在するタイプに加えて非熟練職，専門職やその他の準専門職などの職業から構成されるようになってきている状態を意味する（Mueller and Arum 2004: 7）．このような自営業の構成が変容してきた背景には，経済のグローバル化や労働市場を取り巻く制度的な変化があると考えられている．とくに，多くの国々で生じている長期的な雇用関係の減少や短期的で複雑な雇用関係の増加が，下請けやアウトソーシングを担う自営業，擬似的な自営業（建設業や製造業に関わる低スキルの自営業），あるいはフリーランスとして働く専門的な自営業を生み出していることが指摘されている（e.g. Hakim 1998; Kalleberg 2000; Kalleberg et al. 2000）．

事実，産業諸国の自営業を対象とする比較研究を見ると，イギリス，アメリカ，ドイツでは熟練職や非熟練職と比べると専門職の比率が高いことが示されている（Arum and Mueller 2004: 431）．一方，日本は熟練職が圧倒的に多く，専門職の比率は諸外国と比べると小さい．ただし，対象データは1990年代までであるため，日本を見る場合にはその後に生じた「専門職の増加」という変化を考慮する必要があるだろう．日本

では他国で生じた専門職化がやや遅れて生じた可能性が考えられる．この20年ほどの間に大きな変化が生じているため，その内実を見ていく必要がある．そのうえで，他国の知見と対比させることによって，日本の自営業に生じた現象が類似したものであるのか，それとも特殊なものであるのかについて理解を一歩深めることが可能となる．

世代間・世代内移動

　社会移動研究，とりわけ世代間・世代内移動研究において自営業は，その初期的な地位達成研究においてすでに注目されていた．たとえば，リップセットとベンディクスは自営業を「マニュアルワーカーにとってより高い地位を得るための機会となる」地位として捉えていた（Lipset and Bendix 1959: 180–181）．ここの指摘の要点は，自営業は相対的に地位の低い人びとにとってより高い地位を得るための1つの手段として捉えられている点である．世代間・世代内移動に関する研究では，地位達成として自営業がどのような役割を果たしているのかという問題関心を出発点として，自営業への／からの移動の過程についての検討が1つの課題とされてきた．ここでの中核的な問いは，「どのような要因が自営業への参入／からの退出に影響を及ぼしているのか」である．これらの研究群はさらに2つに大別することができる．

　第1に，自営業の移動についての各国独自の研究である．この研究群は，先述した自営業内部の職業の違いと自営業の移動の関係を理解することを目的とするものである．たとえば，アメリカ（Arum 1997），カナダ（Arai 1997, 2000; Lin et al. 2001），スイス（Buchmann et al. 2009），イスラエル（Shavit and Yuchtman-Yaar 2001），イタリア（Parisotto 1992），中国（Wu 2006; Li and Zhao 2011），韓国（Park and Cha 2008; Kim and Cho 2009），台湾（Yu and Su 2004, 2008）などがある．

　なかでも，スイス（ドイツ語圏）における自営業への移動と労働市場の関係を分析したバックマンらの研究は特筆に値する（Buchmann et al. 2009）．マクロレベルである労働市場全体の需要側と年齢，性別，職種，資格などのミクロレベルの供給側の関係を考慮したうえで，自営業への

移動が生じるメカニズムに迫ろうとしているためである。需要側へのアプローチとして、どの時期にどのような年齢、性別、資格の求人があったかをデータ化したうえで、自分の能力に応じた仕事の求人が少ないと自営業へ参入するインセンティブが高まるという仮説を立てている。ここで強調しておきたいことは、ミクロレベルにおける移動がマクロレベルの状況によって異なりうることを示している点である。第2章ではこの視点をふまえて分析を展開する。

　第2に、自営業の移動についての国際比較を行なう研究である。この研究群は、労働市場を取り巻く制度や家族形成の慣行など各国の制度の違いと自営業への／からの移動の関係を理解することを目的とするものである。具体的には、地域横断的な比較研究と東アジア内の比較研究である。前者の例としては、西ヨーロッパの経済諸国（フランス・ドイツ・オランダ）、アングロアメリカのネオリベラル経済諸国（オーストラリア・イギリス・アメリカ）、家族主義的な資本に基づく諸地域（イタリア・日本・台湾）、ポスト社会主義諸国（ハンガリー・ロシア）を比較した研究がある（Arum and Mueller 2004）。後者の例としては、日本・韓国・台湾を比較した研究（e.g. Takenoshita 2011, 2012）や日本と韓国を比較した研究（Park 2010）、日本と台湾を比較した研究（竹ノ下 2014）がある[18]。

　これらの研究は、自営業への／からの移動は単に個人的な属性によって規定されるのではなく、自営業が置かれた制度的な条件がその移動に影響を及ぼしていることを明らかにしている。具体的には、自営業の移動に直接的に関係する制度（たとえば、相続に関する制度、創業を支援する制度など）と同時に、間接的に関係する制度（フルタイム／パートタイム労働者の解雇のしやすさなどを定める雇用保護制度）を考慮する必要性を説いている。加えて、家族形成に関わる慣習なども広い意味での制度として扱われている。とくに小規模で家族経営を営む形態が一般的である台湾においては、家族のあり方が自営業への／からの移動を規定する重要な要因となっていることが示されている。

3. 日本の研究動向

本節では，日本における自営業に関する研究動向をふまえて残された検討課題が何かを述べる．まず，1990 年代以降に自営業に注目が集まった背景をおさえたうえで，自営業の内部構成の変容に関連する主要な研究を見ておく．とりわけ，本書が着目する自営専門職に関わる既存の知見を整理する．次に自営業と密接に関係する世代間・世代内移動の研究や待遇（就労時間と所得）について明らかになっていることを示す．

3.1 1990 年代以降に再注目された自営業

日本は 1980 年代に自営業者数の増加が見られた OECD 諸国とは対照的に，減少が進む例外的な国として位置づけられていた（OECD 1992: 174）[19]．その減少率は 1990 年代（90 年から 97 年）において年率マイナス 1.4% と，メンバー国で最も大きな値を示していたことは序章で述べた（OECD 2000; 大沢 2013: 232–233）．

自営業が減少した背景には，90 年代初めのバブル崩壊に伴って資産価値が大幅に下落したこと，加齢による自営業収益の増加が鈍化していたことが明らかとなっている（玄田ほか 1998: 33）．自営業の所得や資産における優位性が低下しつつあることは，リスクをおかしてまで自営業を選択しない，もしくは選択できない傾向が強まっていることを示唆している．

このような状況に置かれていた日本の自営業への関心が労働研究者の間で再び高まったのは，停滞する経済に新たな活力をもたらすという期待と高齢者の就業の受け皿としての期待のためである（玄田・神林 2001）[20]．2000 年代初頭にはさまざまな研究機関によって自営業や働く場をつくりだすことへの関心が高まり，調査や研究が進められてきた（e.g. リクルートワークス研究所 1999; 国民生活金融公庫総合研究所 2004; 玄田 2004）．その背景には，「高失業時代における創業，ならびに自己責任・自己選択の時代における新しい働き方，自立した生き方といった

視点から，自営業を再評価できないか」（国民生活金融公庫総合研究所
2004: i）という問題意識が多かれ少なかれ研究者間で共有されていたと
考えられる．

　ただし，自営業が産業構造の変化に対応して企業家として成長する可
能性についてはそれ以前にも指摘されてきたことである（e.g. 清成
1970, 1978, 1990；稲上 1989）．その可能性を探求する 1 つの試みとして，
国民生活金融公庫総合研究所（現日本政策金融公庫総合研究所）による産
業活動の新たな担い手に注目した「新規開業実態調査」がある[21]．ま
た，近年では新規開業者を対象とするパネル調査が実施されており，開
業後の動態（業績，資金調達，廃業などの側面について）が明らかにされ
つつある（樋口ほか編 2007；日本政策金融公庫・鈴木編 2012）．

　一方，高齢者の就業としての自営業についてもいくつか研究がなされ
ている．たとえば，高齢期における独立開業者の実態（阿部・山田
1998），高齢自営業者の年収（三谷 2002），自営業者の年金納付行動（丸
山・駒村 2012）などがある．

　このように国内では，1990 年以降に研究対象としての自営業に注目
が集まってきているが，そうした多くは 2000 年代の前半を対象にした
ものにとどまっている．そのため，自営業の職業構成が大きく変化して
いる 2000 年代以降については，自営業についての研究の蓄積が十分に
なされているわけではない．以下では自営業に関する到達的な研究につ
いて，その職業構成，職業移動，所得の側面からの研究をまとめておき
たい．

3.2　職業構成の変容

　自営業の内部構成，とりわけ職業の構成がその構造的な変化の途上に
あることが示されている（八幡 1998: 4-5）．八幡は 1975 年から 1995 年
の労働力調査を用いて，1975 年を基準とした場合に「農林漁業が 4 割
以上の減少，販売が 2 割以上の減少，サービス業が 1 割の増加，専門的
技術的職業（以下，専門職）が 7 割増加していること」を明らかにした．
職業構造の変化の中でも専門職の増加が著しいことが特徴として指摘さ

れている．労働力調査の専門職には，法律・会計・特許事務所，獣医業，設計事務所，デザイン業，個人教授業，コンサルタント業，医療業，保健衛生，廃棄物処理業などが含まれている．

　他方，自営業の中でも卸売業・小売業・飲食業の減少が1990年以降に生じていることはすでに述べたが，そうした傾向はマクロデータを見ると，2000年代以降も進行していた（序章）．とりわけ，小売関係の自営業を保護する役割を果たしてきた大規模小売店舗立地法（大店法）が2000年6月に廃止されたため，その存立が難しくなっている（鄭2002: 172）．そうした小売業を中心とする自営業の減少と専門職の自営業の増加が対照的になっている．この点において，2000年代以降の自営業は職業から見た内部構成の転換期となっている（鄭 2002: 172）．

　ところが，こうした自営業の職業構成の変化がどの程度進行しているのか，については2000年代前半までの状況しかわかっていないのである．前節で指摘したように，1980年代の諸外国で増加している自営業は主に専門職（あるいは準専門職）である．その事実をふまえると，日本の自営業は他国に比べると後発的に専門職化が進んでいるとも考えることができる．もし，日本においても「専門職化」が進んでいるとすれば，専門職の増加傾向は戦後一貫して生じているのか，また，その傾向は雇用層には見られない自営業層に固有の現象であるのかも合わせて検討する必要がある．さらにいえば，専門職としての自営業への参入が近年になるほど生じやすくなってきているのかについては検討の余地がある．その検討に際しては，職業構造の変動を考慮したうえで，自営業と専門職の関係を直接的に捉える必要がある．そのためには，個票データ（個々人が回答する調査票によって得られたデータ）を用いて，さまざまな要因を統制した検討が求められるのである（第3章）．

3.3　世代間・世代内移動

　日本の自営業に関する職業移動研究では，父親の職業を中心とする個人の出身階層や労働市場へ参入後の就業経験が，自営業への参入／からの退出に及ぼす影響を研究対象としてきた．いわゆる，世代間移動と世

代内移動の側面からの実証研究である.

世代間・世代内移動の研究において自営業は戦後一貫して到達的な階層の1つであることが示されている（e.g. 原 1981, 1986；原・盛山 1999）.「到達的な階層」というのは，人びとはライフコース上でさまざまな職業や従業上の地位を経験するが，おおよそ地位が安定期な期間を迎える40代（あるいは50代）において自営業を経験する層が一定程度存在していることを意味する．そして，その傾向は近年になってもほとんど変わっていないことが明らかとなっている（e.g. 石田 2000, 2002a, 2002b；石田・三輪 2009）．具体的にどのような知見が蓄積されているのかを次に見ていく.

世代間移動に関して，自営業におけるホワイトカラー化という内部構成の変化とともに，親子間における職業的地位の結びつきが高いことが指摘されている（鄭 1998b, 2002）[22]．事実，父親が自営業者であれば，その直接的な資源が子に譲渡されるために自営業へ参入しやすいという傾向は，SSM 調査データに基づく実証研究で繰り返し指摘されてきた（e.g. 金 1998；原・盛山 1999）.

一方の世代内移動に関しては，近年の研究において，自営業が縮小する中で自営業への流入が相対的に少なくなってきていることが指摘されており（e.g. 直井・盛山編 1990；三輪 2010；竹ノ下 2011a），こうした自営業への参入が難しい状況では，参入までに得ている資源や就業経験が自営業への移動により重要な意味を持ってくると指摘されている（鄭 2002）．さまざまな側面から理解できる資源・就業経験だが，とくに自営業へ参入する前の職業の企業規模は，自営業への参入傾向を捉える上での不可欠な要素として位置づけられてきた（盛山 1988；原・盛山 1999；Ishida 2004）．三輪（2010）によれば，日本の特徴として仕事の熟練度の違いではなく，企業規模こそが自営業への移動を規定しているという.

盛山（1988）は，自営業になる前の企業規模，すなわち中小企業か大企業かの違いが自営業への参入に大きく影響していることを指摘し，主に中小企業での経験が自営業への参入を促す要因であると述べている.

第1章　自営業の見方・測り方──社会階層研究の蓄積と残された研究課題

その第1の理由として，日本的雇用慣行の特色が挙げられる．すなわち，長期雇用や年功賃金が比較的に確立している大企業ではなく，より不安定で賃金が大企業ほど上昇しない中小企業から自営業への移動が促進されると考えられる．また，第2の理由として，中小企業での就業経験は，自営業に必要とされるスキルを身につけさせる訓練を提供している役割を果たし，自営業へ移動するための準備として重要な意味を持つためと考えられる（鄭 2002; Ishida 2004）．

　ただし，これらのミクロレベルにおける自営業への参入に対する影響は，どの時代においても一貫した効果を持つものではなく，世代間における地位継承や参入前の就業経験は，参入が生じる時代によってその効果が異なりうることが指摘されている（金 1998; 渡邊・佐藤 1999）．しかし，具体的にどのような時代の状況が世代間の地位結合や中小企業経験に影響を及ぼしているのかという点に関しては，当該領域の研究蓄積量に鑑みれば，あまり注意が払われてはいない問題である．この問題を考える際に，職業移動研究と隣接する研究領域の知見が有益である．というのも，1980年代の諸外国で自営業に注目が集まった背景には経済が低成長期をむかえ，失業率が上昇するという時代状況が関係していることはすでに述べたが．日本の文脈に即したマクロな経済状況と自営業への／からの移動の関係は職業移動研究を発展させる余地が残されている（第2章）．

3.4　自営業者の所得

　待遇は階層状況を表すもっとも重要な指標の1つである（鄭 2002: 59）．ここでの待遇とは所得と就労時間を指す．これらの指標は，自営業に限らず被雇用層においても生活水準や生活様式のあり方を理解するうえで必要不可欠なものである．しかし，自営業者の待遇は被雇用層に比べると正確に把握することは次のような点において極めて難しい．

　自営業者の所得は，税金の関係で収入を低く答える傾向があることに加えて，家計と収入が明確に分離されていない点である（鄭 2002: 59）．他方，自営業者の就労時間は被雇用者とは違って管理されていないため

43

に（橘木 1994: 164），正確に知ることはほぼ不可能といえる．所得と就労時間を把握することの困難さは自営業の特性であるために不可避であるだろう．そうした限界がありながらも，これまでにいくつか研究がなされている．主要な研究成果について所得と就労時間にわけて見ていきたい．

まず所得についてである．1950 年代から 1980 年代において自営業者の所得は被雇用者の所得よりもおおむね高いことが報告されている（橘木 1994: 165；鄭 2002: 62）[23]．こうした傾向はアメリカやイギリスにおいても見られる現象である（Evans and Leighton 1989；Rees and Shah 1986）．ところが，日本では 1990 年代に入って被雇用者の所得が自営業者を上回るという逆転現象が生じている（鄭 2002: 62）．雇用者に比べた時の自営業者の所得の相対的な低下は 1990 年代を通じて生じたことが明らかになっている（玄田 2003）．その背景には，都市部の優位性が失われていること，年齢にともなう所得の増加が停滞していること，雇い人のいる業主の所得が下落していることが自営業者の所得を押し下げている原因であると考えられている（玄田 2002, 2003）[24]．

ただし，自営業者の所得は被雇用者に比べると，そのばらつきは非常に大きいことがわかっている（鄭 2002: 61）．所得の低い層と高い層の混在した状況は，従来の研究においても指摘されており，日本の自営業層の 1 つの特徴となっている（清成 1978；大崎 1985；橘木 1994；小川 2016）．しかし，所得のばらつきがどの程度生じているのか，そしてなぜその傾向が生じているのかについては十分に検討がなされていない．より具体的にいえば，戦後日本の自営業の所得やそのばらつきがどのような趨勢となっているのか，である．自営業内部に相違が生じているとすれば，その 1 つの理由として職業の違いが考えられるために，本書ではこの課題を第 5 章で検討する [25]．

つづいて，就労時間についてである．自営業者の就労時間については社会階層研究ではほとんど検討されておらず，計量的な研究については近年になってわずかな進展がある．ここでは，経済学の研究を起点として見ておきたい．1955 年から 1991 年までの『労働力調査年報』を用い

た橘木の分析によれば，自営業者の就労時間（週間）は雇用者のそれよりもほぼ一貫して短いことを指摘している（橘木 1994: 163）．ただし，産業別に見ると違った傾向であることがわかっている．具体的には，卸売業・小売業・飲食業では被雇用者よりも自営業者の方が就労時間は長いが，そのほかの産業では雇用者の方が長い．ただし，自営業の就労時間はばらつきが極めて大きいことを指摘している（橘木 1994: 164）．この指摘を考慮するならば，本書が着目する自営専門職の所得は「専門職」という労働市場において他の就業形態と比べると（常時雇用と非正規雇用）どのような水準にあるのか，およびその規定要因を見極めるに際して就労時間との関係が1つの鍵となるだろう（第6章）．

4. 本書の検討課題——職業移動／職業構成／職業経歴／所得

本書では，社会学の社会階層論を研究枠組みとして，上述した既存研究において残された検討課題を実証的に検討していく．ただし計量的な分析を行なう際には，より具体的な論点に絞る必要がある．それらの論点については各章の冒頭で述べるため，ここでは各章における検討課題を示し，それぞれが相互にどのような関係になっているのかを述べておきたい．

まず第2章では失業率と自営業への／からの職業移動の関連に着目する．この検討は本章2節で述べた通り，近年になって自営業に対する関心の高まりの背景には「自営業は失業の受け皿になるのではないか」という期待がある．この問題関心は各国において実証的な研究が進められているが，依然として結論が出ていない問題である．加えて，日本の自営業についても同様の位置づけがなされることもあったが，実際に失業率が上昇する局面（とりわけ 1990 年代以降）において自営業への参入が生じやすくなっているのか否かは検討の余地が残されている．

つづく第3章では自営業の職業構成の趨勢を捉える．この検討は前節で述べたとおり，自営業の職業構成が専門的・技術的職業へと変化しつつあることが指摘されているが，労働市場自体の変容を考慮したうえで

趨勢を判断する必要がある．そのため，ここでは常時雇用者と比較する形で日本の自営業がこの60年ほどの間にどのような変化を経験しているのか，それをふまえてどのような姿へと変貌しようとしているのかという見通しを立てることになる．

第4章では自営専門職の職業経歴のパターンとその規定要因を探る．この検討は第3章の分析によって「自営専門職」という本書にとって鍵となる対象を浮き彫りにするが，その対象は自営業の全体からすると規模は小さい．そのため，彼ら／彼女らがどのような職業的キャリアになっているのか，それはホワイトカラーやブルーカラーの自営業者の職業経歴とは何が異なるのかを見極める必要がある．さらには雇用専門職の職業経歴と比較した場合の自営専門職の特性を明らかにする．

つづく第5章と第6章では職業や就業形態が自営業者の所得に及ぼす影響に着目する．第5章では，自営業において職業による違い（専門職，販売職，熟練職，半熟練職）はどの程度なのか，その相違は時代によって変化しているのかを検討する．第6章では2000年代以降の専門職において従業上の地位による違いはどの程度なのか（自営業，常時雇用，非正規雇用），相違が生じているとすればそれはどのような要因なのかを検討する．これらの検討によって，自営業への移動の帰結を経済的な側面から捉えることを試みる．

最後に終章では，各章の分析結果を要約し，各分析結果の相互の結びつきを示したうえで本書の研究目的に対する結論を述べる．そのうえで結論の含意を考察していく．

補論1　自営業研究におけるその他の対象

本書は農林漁業に従事する自営業と事業を新たに起こす起業家を十分に扱うことができていない．これらの対象に関してはすでに多くの研究がなされているが，ここでは本書が扱うデータと関わりの深いもの（SSM調査データ）に絞って示しておきたい．

第 1 章　自営業の見方・測り方——社会階層研究の蓄積と残された研究課題

　農業（農民層）の減少してゆく過程とその帰結については橋本健二による一連の研究がある（e.g. 橋本 1999, 2000, 2008, 2018）．直近の成果によれば，零細農家が非農家化することによって農民層の規模はすでに十分縮小し，日本の階級構造全体に与える影響は限られるという意味において「日本の農民層分解はまさに最終段階を迎えつつある」という結論に至っている（橋本 2018: 250）．ただし，近年の「新しい動き」として，若い男性コーホートでは，30 代という比較的若いタイミングで農業の担い手となるケースを見出している点は注目に値するであろう．

　本書の視点からすれば，若い世代で農業へ参入する自営業者は何らかの専門的な技能や知識を有しているために自営専門職に近い人びとも含まれているかもしれないことが考えられる（たとえば，より良い品質を生みだすために IT の技術を駆使する，あるいは単純作業を AI によって自動化することによって生産性を高めるなど）．さらにいえば，単純作業の代替という文脈でいえば，農業を捉えるうえ欠かすことができない視点としては家族従業者（とりわけ女性）の減少も視野に入れる必要があるだろう（e.g. 粕谷 2010, 2016）．

　他方，起業家（entrepreneur）に関する研究の蓄積は膨大なものがある．その起源の 1 つはシュンペーターの研究（Schumpeter 1934）であり，経済学や社会学を中心に研究が進められている（e.g. Blanchflower 1998, 2000）．日本の起業家についての研究は質的調査と量的調査の両面から進められている．たとえば，前者の 1 つにはとりわけ技能の高い起業家に着目した研究があり（Whittaker 2009），後者としては 1990 年代から日本政策金融公庫総合研究所によって進められている「新規開業実態調査」や「新規開業パネル調査」（後者は 2001 年から）がとりわけ重要な研究の 1 つであるだろう．それらの調査に基づいた研究成果はすでにいくつも刊行されている（e.g. 国民金融公庫総合研究所 1992；東京大学社会科学研究所 2001；樋口ほか編 2007；日本政策金融公庫・鈴木編 2012）．

　これらの研究が対象とする起業家の中には本書が着目する専門的な職業に従事する自営業者も含まれているだろう．本書の分析や考察は起業

家に関する研究と接続することによってより広い視野から現代社会の働き方を捉え直すことができると考えられる.

補論2　統計データから見る自営業比率・失業率・雇用保護指数

　本章2節では,諸外国において自営業に注目が集まった1つの背景として,失業率の上昇と自営業者の増加という現象があることを述べた.ここでは,2010年時点における失業率と自営業率の関係が諸外国でどのようになっているのかをOECDが公開しているデータを用いて示した(図1-1).もちろん,両者の関係はさまざまな要因の影響を受けているので安易な結論を急いで導くわけにはいかないが,第2章で検討する失業率と自営業への参入と退出の関係を分析するための手がかりを知るうえでは有益な情報となるだろう.

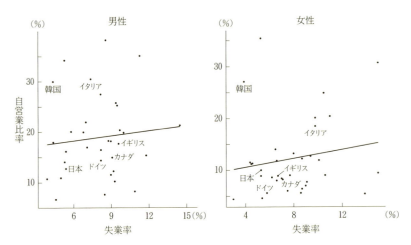

注:相関係数は男性が r=0.127 (p=0.570),女性が r=0.164 (p=0.345) であった.
出典:OECD Stat より筆者作成 (Accessed on 10 January 2018)

図1-1　失業率と自営業比率の関係 (2010年)

　この図は横軸が失業率,縦軸が就業者に占める自営業比率である(単位はパーセント).図中にある黒の実践は線形回帰モデルをデータに適用

したものである．この図を見ると，失業率が高いと自営業比率が高いという明瞭な傾向は男女ともに見られないことがわかる．相関係数を算出すると男性では 0.127，女性は 0.164 と正の値となっている（一方が高い値であるともう一方も高い値を示す傾向）が，統計的に有意な値ではない．つまり，両者が強く結びついているとはいえないことを意味する．したがって，失業率が高いからといって自営業率も高いわけではないことが示唆される．もちろん，この図は一時点であるために時間的な変化はわからないが，このデータを見るかぎりは自営業が失業の受け皿となるような明瞭な傾向は見られないと判断できる．

　日本の位置を見ると，男女ともに図中の左下（失業率が 5% より低く，自営業率が 10% 程度の位置）にあることがわかる．諸外国に比べると日本の失業率はそもそも低いことが見て取れるが，日本の労働市場では 1980 年代の失業率に比べると相対的に高い値となる．ところが，序章で見たように 1980 年代後半以降の自営業比率は減少していることに照らすと，日本ではたとえ失業率が上昇したとしても自営業比率が上昇するわけではない可能性が高いといえるだろう．この点については，失業率の変動が自営業への参入と退出に対して及ぼす影響を他の要因を統制したうえでより厳密に検討する（第 2 章）．

　つづいて，雇用保護に関する制度と自営業比率の関係について公開されているデータから示しておきたい（図 1-2）．本章 2 節で言及した通り，自営業が増加する／しないを左右する要因の 1 つとして各社会の労働市場を取り巻く制度的要因がある．とりわけ，常時雇用や有期雇用の解雇の規制に関する雇用保護制度（Employment Protection Legislation）は自営業との関連で注目されてきた（e.g. Arum et al. 2001）．ミューラーとアルムによれば，雇用保護の強い国と弱い国で自営業が増加するという（Mueller and Arum 2004: 21）．前者では経営者は従業員を解雇させにくいために自営業へのアウトソーシングが増える．その結果として自営業が増加する一方，後者では人びとを被雇用に押しとどめるインセンティブが働きにくいために自営業への移動が生じるという説明である．

　OECD は雇用保護の強さの指標を 1980 年代末から公表してきた

(OECD 1999; Barone 2001). この指標は, 「常時雇用 (Regular contracts)」, 「有期雇用 (Temporary contracts)」と「集団解雇 (Collective dismissals)」を対象として 21 項目から測定されている[26]. 常時雇用の (懲戒ではない) 解雇からの保護の強固さ, 有期雇用の規制の強固さ, および集団解雇の規制について総合指標が設定されている (Venn 2009: 6). ここでは直接的に個人の規制とかかわる常時雇用と有期雇用の雇用保護指数と自営業比率の関係を示した.

この図を見ると, 常時雇用の解雇からの強固さ, 有期雇用の規制と自営業比率の関連はともに正の関連であることが示されている. つまり, 雇用保護が強くなるにつれて, 自営業比率が高まるという関連である (ミューラーとアルムらが示した「雇用保護の弱い国で自営業比率が高い」という見解はこのデータを見るかぎり観察されない). 雇用保護がより強く自営業率が高い国としては韓国とイタリアがある.

日本の雇用保護の状況は, OECD 諸国の中では常時雇用と有期雇用のいずれの指標においても下位グループに属する. つまり, 「被雇用にとどまるインセンティブが相対的に低い」ということを意味する. ところが, 自営業率が目立って高いわけではないため, 「自営業を選択するよりは被雇用にとどまった方がより良い」という判断が働いた結果かもしれないが (この点は序章 3 節を参照), この図 1-2 だけでは断定的なことはわからない. 一方, カナダとイギリスの自営業者が増加した理由の背景には雇用保護の弱さと関係があるかもしれない. つまり, 被雇用にとどまるメリットが少ないために, 自営業を選択していた可能性である. 逆に, ドイツで自営業者が増加した背景には, 常時雇用の雇用保護指数が相対的に高いことがあるのかもしれない. とはいえ, 先に見たように 2000 年代以降はいずれの国でも自営業比率の上昇はそれほど顕著ではないので, 何らかの頭打ちとなるメカニズムが働いていることが考えられる. 失業率, 雇用保護と自営業への／からの移動の関係を念頭においた分析は第 2 章で間接的に検討する.

第1章 自営業の見方・測り方——社会階層研究の蓄積と残された研究課題

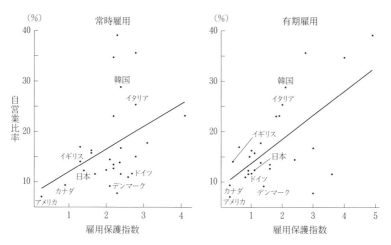

注1：相関係数は常時雇用が r=0.396（p=0.041），有期雇用が r=0.491（p=0.000）であった．
注2：雇用保護指数のバージョンは1.0（1985-2013）である．
出典：OECD Stat より筆者作成（Accessed on 10 January 2018）

図1-2 雇用保護指数と自営業比率の関係（2010年）

注
1) 「階層」あるいは「階級」が何を意味するのかは階層・階級研究の核心的な問題である．階層研究では「階層」と「階級」の概念区分についてはこれまでにも議論がなされている（e.g. 橋本 1998；鹿又 1998）．本書が主に用いた SSM 調査についての考察も参考になる（高坂 2003）．階級論では自営か被雇用かという従業上の地位を重視する一方，階層論では職業分類を重視してきた（鄭 2002: 21）．ところが，Giddens (1973), Goldthorpe (1980), Erikson and Goldthorpe (1992) では複数の次元（従業上の地位や事業規模など）を組み合わせた捉え方をしている．このような分類からわかるように，「階級」か「階層」かの区分の重要性はなくなってきている．本書では原・盛山（1999: 4）と鄭（2002: 6）にならって，「階層」を「階級」も含みうる，より包括的な概念として使用する．
2) 佐藤（2004: 4）では，伝統的セクターとは「生業の世界」を意味し，近代的セクターとは「職業の世界」を示す概念として用いられている．自営業を近代的セクターに属する中小企業を想定する研究としては清成による一連の研究が参考になる（清成 1970, 1975, 1990）．
3) 自営業の概念定義は国内に限らず諸外国でも問題になっており，さまざまな観点から概念自体の検討がなされている．たとえば，Bechhofer and Elliott (1976), Dale (1986), Casey and Creigh (1988), Leigh-

51

ton and Felstead eds. (1992) などがある. ただし, 本書は日本の社会
階層研究の文脈に位置づけるものであるために, これらの研究は参照す
る際に定義の違いを留意するにとどめる.

4) 本節では便宜的に歴史研究と社会学を別の領域として扱っているが,
両者はより近接した領域となっているために別々の領域として捉えるこ
とはそれほど重要ではないと考えている. たとえば, 社会移動の観点か
ら近代的セクターと伝統的セクターの関係に歴史的にアプローチした研
究に佐藤 (粒来) 香がある (佐藤 2004). また, 社会移動と近代化の関
係を歴史的に検討した研究に中村がある (中村 1999). より包括的な議
論は歴史社会学における計量的手法の可能性を考察した研究 (佐藤
2006) を参照されたい.

5) 「所有」の概念にはいくつかの次元がある. たとえば, アルチュセー
ルらによれば, 生産手段を生産的に消費して剰余価値を取得する権限の
「所有」, 労働過程を組織して生産手段を運用する能力を意味する「現実
的領有」, 法規範によって生産手段の消費・譲渡の権利を認めることを
意味する「法的所有」がある (Arthusser and Balibar 1968=1974:
306-308). 所有の多元化に関しては, 橋本による説明を参照されたい
(橋本 1999: 55-56).

6) ライトによれば, 自営業は生産手段の所有者と考えられる業主をプチ
ブルジョアジー (Petty Bourgeoisie) に限定した. さらに所有者を雇
用規模によって区別し, 10 人以上を雇用する業主をブルジョアジー
(Bourgeoisie) とした. その枠組みでは, 1 人以上 10 人未満の雇用者が
いる業主を小規模経営者 (Small Employer) としている (Wright
1985: 195).

7) 本書で用いる分類 (総合分類) は, 諸外国を含む社会階層研究の共通
理解ではない. たとえば, ブラウとダンカンは主にアメリカ社会を対象
として 17 からなる職業カテゴリのうち 3 カテゴリ (self-employed
professionals, proprietors, farmers) を考案した (Blau and Dun-
can 1967). 一方, エリクソンらは主にヨーロッパ諸国を対象とした
EGP 分類を考案した (Erikson et al. 1979). 国際比較研究の文脈では
日本においてもこれらの分類を用いた研究がなされている (e.g. Ishi-
da 2004; 竹ノ下 2011a).

8) 自営業の事業規模をどこまでに区分するかという点は重要だと考えて
いるが (e.g. 安田 1971: 374-375), 既存研究では自営業の事業規模を
固定し静的なものとして捉えている点は批判的な検討の余地があると考
えている. 近年の自営業の多くは「単独」あるいは「数名の従業員」で
事業を開始することが多いということが知られている. そうした自営業
がどのように成長していくのか (従業員を増やしていくのか), あるい

第1章　自営業の見方・測り方——社会階層研究の蓄積と残された研究課題

は従業員を増やさずに事業を行っていくのかは，これまでの階層研究で
はほとんど検討がなされていない．「自営業の成長過程」についての研
究は改めて挑戦してみたい．

9)　インフォーマルセクターの概念定義は，分析対象とする国家や経済の
発展段階によって議論がわかれるので留意が必要である．

10)　Parker（1996）によれば，同じくイギリスを対象に分析を行ってい
るが，失業率の上昇によって自営業への参入比率が増加するという
Creigh et al.（1986）とは逆の結果を示している．

11)　近年のパネル調査に基づく研究では，日本の特定の労働市場の条件
（weak local labor market）において自営業への移動が増加することが
示されている（Diamond and Schaede 2013）．

12)　雇用保護を測る1つの指標として，一般雇用労働者保護指標
（EPRC）がある．OECD（2013）によれば，アメリカ・イギリス・日
本のEPRCは，いずれの国でもOECD平均を下回っている．

13)　雇用保護が強くなるほど，企業はその規制を避けるために，規制の
弱い自営業へ外注することも考えられる．その結果，自営業が増加する
ことも予想されることに留意が必要である（Mueller and Arum
2004）．

14)　失業率と自営業の関係および雇用保護制度と自営業の関係は，本章
の付記にてOECDデータを用いて検討する．2010年のデータを見るか
ぎり，失業率と自営業率の関係は弱い正の関連（男性：r=0.127，女
性：r=0.164）であるが，いずれも統計的に有意ではない．雇用保護制
度については常時雇用と有期雇用の解雇のしやすさの値で検討した．そ
の結果，雇用保護が厳しい（解雇させにくい）と自営業率が高いという
正の関連が示された（常時雇用：r=0.396，有期雇用：r=0.491）．

15)　ただし，OECD諸国全体でみると，日本の雇用保護は必ずしも厳し
いものではない点に留意が必要である．具体的にいえば，ヨーロッパ諸
国と比べると，日本は常時雇用と有期雇用のいずれにおいても解雇させ
やすい国の1つである．

16)　「自営業内部の異質性」は「Heterogeneity within self-employ-
ment」（Mueller and Arum 2004: 7）を筆者が意訳したものである．

17)　これら以外の視点としては，待遇，概念化，政治的な志向性，移民，
女性自営業などの視点がある．

18)　上記以外にも地域間あるいは地域内の自営業研究としては，アメリ
カとドイツを比較した研究（McManus 2000），フランス，ドイツ，イ
タリア，イギリスを比較した研究（Luber et al. 2000）などがある．

19)　日本と同様に自営業が減少したのはルクセンブルクとデンマークで
ある．

53

20) 経済学における自営業研究の系譜は，玄田ほか（1998: 17–21）を参照されたい．経済学では，事業に対する能力と資金調達の可能性を中心とするもの，リスクの選好態度に重点を置く研究の流れがある．1990年代の主な経済学の研究としては，橘木（1994），鎌田（1995），三谷（1997），八幡（1998, 2003），阿部・山田（1998）などがある．

21) 「新規開業実態調査」の開始は国民生活金融公庫（現在は日本政策金融公庫）が融資した時点で，開業から1年以内または開業予定の企業を対象にして1991年から毎年実施している．ただし，国民生活金融公庫が新規開業の実態に焦点を当てた調査は1969年の「小零細企業新規開業実態調査」や1970年と80年代にも調査が実施されている．詳しい内容は，竹内（2001: 7）を参照されたい．

22) 金（1998）においても，継承的な階層要因の重要性を指摘しているが，その影響は1975年から1995年にかけて弱まっていることが指摘されている．

23) 橘木の研究では「貯蓄動向調査」を用いている一方，鄭の研究では「就業構造基本調査」と「SSM調査」を用いている．データの違いはあるが，同様の結論を導いている．なお，分析には平均値と中央値などの指標を用いている．

24) 鄭は自営業者の収入下落傾向は調査自体にも問題があると指摘している（鄭 2002: 62）．すなわち，法人化した自営業が「就業構造基本調査」の調査対象から外れることによって自営業層の所得が実際のそれよりも低い傾向となっている可能性である．法人化については重要な論点であるが，本書ではデータの制約により扱うことが難しいという限界がある．

25) 被雇用者の所得に関して，職業による相違についてはすでに研究がなされている（e.g. 長松 2008）．第5章の分析に際してはその研究を下敷きにしている．

26) たとえば，「正規契約の解雇からの保護」は，解雇通知の手続き，解雇通知に至る期間，勤続期間別の予告期間と離職手当などの項目である．「有期契約の規制の強固さ」は，適用できるケース，連続更新回数の上限，連続累積期間の上限などの項目がある．詳しくは，http://www.jil.go.jp/foreign/labor_system/2013_11/oecd_01.html を参照されたい．ここでは主な雇用保護指数である常時雇用と有期雇用の値を示した．またこの指標は数回の改定を経ているが，図示したものは「バージョン1.0（1985-2013）」の値を使用している．

第2章

自営業への／からの移動
——失業率との関係に着目して

本章では，失業率と自営業への参入および自営業からの退出がどのような関係になっているのかを 2005 年と 2015 年の SSM 調査データを用いて明らかにする．分析の結果，失業率の上昇と自営ブルーカラー（熟練職と半熟練職）への参入には関連が見られない一方で，失業率が上昇すると自営ホワイトカラー（販売職と事務職）への参入は抑制されるという顕著な傾向が見られた．それに対して自営専門職への参入／からの退出は失業率や経済成長の影響はほとんど受けていないことが明らかとなった．この結果は 2000 年代以降の長期的な低成長やリーマンショックを契機とする失業率の上昇時には，従来型の自営業は失業の受け皿とはなりえないことを示している．この点を考慮すると，自営専門職への移動が他の職種の自営業と比べて近年になるほど生じやすくなっているのかを捉える必要があることを示唆している．

1.　問題の所在——自営業は失業の受け皿になりうるのか

前章の第 2 節で述べた通り，OECD 諸国において自営業が研究対象として着目を集めた背景には，1980 年代に生じた失業率の上昇と自営業者数の増加という現象がある（e.g. OECD 1986, 1992; Steinmetz and Wright 1989; Meager 1992）．それらの研究では，自営業が雇用状況の悪化に起因する失業者の受け皿としての役割を果たしていたか否かを，マクロレベルの要因である失業率と自営者数との関係から主に検討してきた．

他方，被雇用者とは異なる独自の階層的地位として自営業を捉える階

層移動研究においては（e.g. Goldthorpe et al. 1980；Bechhoher and El-liott 1985），主に親子間の自営業における職業的地位の継承（Erikson and Goldthorpe 1992），ないしは労働市場内での世代内移動（Mueller and Arum 2004）といったミクロ的な個人要因から自営業への参入を捉えてきた．他方，日本について自営業の参入と退出を捉える研究は多くの蓄積がなされている（e.g. 白倉・岩本 1990；鄭 2002；Ishida 2004；西村 2008；三輪 2011a；竹ノ下 2014；平尾 2018）．

　自営業への参入／からの退出に関わるメカニズムを理解するうえでは，労働市場の雇用状況というマクロレベルの特性と，世代間／世代内移動というミクロレベルの特性のいずれも欠かすことのできない重要な視点である．しかし，これらの多水準にわたる要因は，それぞれ独立して自営業への参入／からの退出に影響しているわけではなく，互いに結びつきながら影響している可能性がある．事実，この可能性を傍証する研究として，戦後の職業移動パターンの特徴を明示した渡邊・佐藤（1999）は，特に若年層における自営業への移動パターンに関して，自営業へ移動する前の職がたとえ同じ地位にあったとしても，その地位から自営業へ参入する傾向が時代的に異なりうることを示唆している．

　こうしたマクロ的な労働市場に関する要因とミクロ的な個人要因を同時的に考慮したうえで，自営業への参入を包括的に実証する試みも近年確認することができる（e.g. Buchmann et al. 2009）．しかし，これらの研究では，概して多水準にわたる要因をそれぞれ独立に扱っていたため，それらの特性が複雑に入り組みながら自営業への参入と退出に及ぼす影響に関しては，未だ十分な検討が加えられているわけではない．そこで本章では，マクロ的な労働市場に関わる特性として失業率，ミクロ的な個人要因として世代間／世代内移動に着目し，それらの自営業への参入／からの退出に対する独立した影響だけではなく，交互作用による影響を検討する．この試みから，これまで指摘されてこなかったマクロレベルとミクロレベルが相互に関連する自営業への参入／からの退出メカニズムを提示する．そのうえで，誰が自営業にとどまりやすいのかについての見通しを立てることを目指す．

上述した研究において，失業率の上昇という労働市場の悪化は，被雇用に就く機会が欠けている状態として理解されてきた．すなわち，失業は，労働市場から（溢れた）人びとを自営業に「押し出す」というプッシュ要因の1つとしてみなされてきた（Buchmann et al. 2009）．

こうした見解の背景を理解するためには，被雇用の労働市場が十分に機能しない状況において自営業が潜在的な失業者を吸収する状況を考察したインフォーマルセクター論が有益な視座を与えることは第1章で述べた通りである（e.g. Portes et al. 1989）．インフォーマルセクター論に立脚し，自営業が潜在的／顕在的な失業者の就業先を提供するという想定に基づくならば，失業率の上昇に伴って自営業への参入率は増加していくと予測できる．この予測はアメリカやイギリスを対象にした実証研究が蓄積されているものの，景気循環仮説（失業率の上昇が自営業率の上昇に結びつくという仮説）に関する一貫した結論には至っていない（第1章2節）．

これらの異なる結果が生じる仕組みを説明するためには，各国における労働市場の制度的条件や社会移動研究が明らかにしてきた自営業をめぐる移動のあり方を考慮する必要がある．とりわけ，後者については，父親の職業を中心とする個人の出身階層や労働市場へ参入後の就業経験が，自営業への参入に及ぼす影響を研究対象としてきたいわゆる，世代間移動と世代内移動の側面からの実証研究である．具体的には，父親が自営業者であることによってその子どもが自営業者になりやすいという親子間における職業的地位の結びつきが高いこと（世代間移動）や中小企業での就業経験が自営業への参入を促すということ（世代内移動）である（第1章3節）．

ただし，これらのミクロレベルにおける自営業への参入に対する影響は，どの時代においても一貫した効果を持つものではなく，世代間における地位継承や参入前の就業経験は，参入が生じる時代によってその効果が異なりうることが指摘されている（金 1998；渡邊・佐藤 1999）．しかし，具体的にどのような時代の状況が世代間の地位結合や中小企業経験に影響を及ぼしているのかという点に関しては，当該領域の研究蓄積

量に鑑みれば，あまり注意が払われてはいない問題である．

　そこで本章では，労働市場のマクロ的な特性である失業率の変動とミクロ的な個人要因との関連がどのように自営業への参入／からの退出に対して影響しているのか，について実証的に検討する．具体的には，以下の3つの研究課題を検討する．第1に，失業率の変動が個人の自営業への／からの移動のしやすさへ直接的に影響を及ぼしているのか，である．第2に，父親の職業的地位や本人の中小企業経験が自営業への／からの移動に影響しているかどうか，そして最後に，失業率の変動と個人属性との相互の結びつきがその参入／退出にどのような影響を及ぼしているか，である．

　ここでは研究蓄積が豊富にある自営業への参入に焦点を当てて仮説を構築する．第1の課題には，2つの対立する仮説が考えられる．まず，第1章2節で示したように，失業率の上昇にともなって自営業数が増加するという，いわば自営業が失業の受け皿となっていると考える仮説である（仮説A1）．一方，雇用保護の制度が厳しいことに加えて事業継承の制度が重要な意味をもつ日本の自営業は，参入障壁が高く，他国におけるインフォーマルセクターの役割を果たしていない可能性がある．つまり，失業率が上昇したとしても，その受け皿となりえるような自営業ではないことが考えられる．そのため，失業率が上昇する状況においては，自営業への移動は抑制されると予測できる（仮説A2）．この予測は上の仮説とは全く逆の傾向を指摘するものであり，本章ではこの予測を対立仮説として位置づける．

　第2の課題に関して，自営業への移動に関するミクロ的な特性の影響については前節で述べたが，マクロ的な特性を同時に考慮する本章の分析によっても析出されうるのかを検証しておく必要がある．すなわち，父親が自営業者であることによって，本人が自営業へ参入するうえで必要な資源をより多く獲得することができる．そのため，本人の自営業への移動を促進させるという仮説である（仮説B1）．また，自営業に移動する前の就業先が小さい企業規模であることによって，本人が自営業へ参入するうえで必要な資源をより多く獲得することができる．そのため，

本人の自営業への移動を促進させるという仮説である（仮説 B2）.

　第 3 の課題に関して，マクロ的な特性とミクロ的な特性が互いにどのように影響を及ぼしているのかに焦点を絞って検討していく．とりわけ，労働市場のマクロ的な特性である失業率が変化する状況を考慮しつつ，失業率の増減が個人レベルの属性へどのように影響を及ぼすかについて言及した 2 つの仮説を構築する.

　先述したとおり，失業率の上昇という労働市場の雇用状況が悪化している際には，より多くの被雇用者が失業リスクに晒されることによって，自営業に押し出されやすい状況下にあると理解できる．しかし，すべての個人が一様に自営業へ押し出されるのではなく，自営業への参入に関連する乏しい資源しか持たない個人は自営業に押し出されず，失業状況に陥る，ないしは失業状況にとどまらざるを得ない．しかし一方で，自営業への参入に関連するより多くの資源を得ている個人は，その資源の豊富さゆえに比較的容易に失業状況，ないしは失業リスクのある状況から脱出し，自営業に参入できると予測できる．つまり，失業が自営業へのプッシュ要因になり得るか否かは，その個人の持つ資源の多寡に依存していると推察できよう.

　この推察を敷衍すれば，そうした参入資源がより顕著に自営業への参入を促進させるのは，失業のリスクが高い状況であるとも理解できる．以上の議論をふまえ，失業率と個人属性との同時的な影響を含意する 1 つ目の仮説として，自営業者の父親から直接的に譲渡される地位継承の仮説を検討する．失業率の上昇という労働市場の悪化している状況において，自営業を成功させるためには参入前により多くの資源を得ている方がより有利になると考えられる．そのため，世代間の継承の影響は，失業率の上昇時においてより顕著に現れるという仮説である（仮説 C1）.

　他方，自営業へ移動する前の就業先の企業規模に関して，日本における大企業は，相対的に長期安定雇用や年功賃金が確立されているために，景気の動向にかかわらず，自営業への移動は促進されないと予想される．一方，中小企業はそれらの仕組みが定着していないと考えられるため，中小企業はその脆弱性ゆえに失業リスクに晒され，自営業への参入の傾

向は大企業に比べて中小企業で働く人ほど一層強くなることも推測される（盛山 1988)[1]. ただし，この知見が導かれたデータは比較的に景気の良い時期に調査されたデータであるために，中小企業から自営業への移動が促進された可能性がある．しかし，日本の自営業は，制度的条件によって他国で想定されるような失業者の受け皿となるような就業先とはなりえないことが考えられる（第1章2.1項). そのため，失業率が上昇する状況において，中小企業に属する人は自営業への参入傾向が抑制されると予測できる（仮説C2).

2. 方法

2.1 データ・分析方法

本章では 2005 年と 2015 年の社会階層と社会移動全国調査（SSM 調査）の職業経歴データからパーソンイヤーデータを作成し（時間の測定単位を 1 年とするデータ），自営業への／からの移動というイベントを捉える 1 つの方法である離散時間ロジットモデルによる分析を行なう[2].
景気変動の影響をより明確にするため，分析対象について次の 2 点に留意が必要である．第 1 に，分析対象は男性と女性の自営業者である．もちろん，性別を統制した分析となるが，日本の労働市場では男性と女性における自営業への参入における要因は異なりうることが指摘されているために慎重な検討が必要である（三谷・脇坂編 2002). しかし，男女を区分するほどサンプルサイズが大きくないために同時に扱っている．女性の場合は，就労人口に対する家族従業者の比率が男性と比べると大きいため，自営業者と家族従業者への移動メカニズムはより慎重に議論する必要がある（分析は自営業者のみに限定している). 第 2 に，自営業への参入および退出は複数回発生することも考えられるが，本章ではイベント間の独立性を仮定するために職歴における初めてのイベントを分析対象とする（Box-Steffensmeier and Bradford 2004: 157–166).

2.2 変数

　分析に用いる従属変数に関して，ここでは，本章と同様に自営業を扱った先行研究の定義をふまえつつ，SSM 総合 8 分類を修正する形でイベントとなる自営業を定義する（第 1 章 1.2 項）．具体的には，従業上の地位が「自営業主・自由業主」であるケース，もしくは従業上の地位が「経営者・役員」で企業規模が「30 人未満」であるケースを自営業としてカテゴライズする．さらに職種で事務・販売に該当するケースを自営ホワイトカラー（自営 W），熟練・半熟練・非熟練に該当するケースを自営ブルーカラー（自営 B）に加えて専門・技術に該当する自営専門職（自営専門）の 3 つに峻別して，これら 3 カテゴリを競合するイベントとして定義した．また本章では，自営業への参入前に勤めていた企業の規模が，自営業への参入に影響を及ぼすと考えるので，上記の自営業カテゴリに労働市場参入後，すぐに就いたケースを除外した．

　職種で 3 つのカテゴリに自営業を分割する根拠は，同じ自営業への参入でも職種によって傾向が異なりうるという事実がこれまでの先行研究で指摘されているためである．たとえば，1995 年 SSM 調査データを分析した鄭（1998b）は，高度経済成長期から低成長期にかけて，技能職から専門職，事務職やサービス職へと自営業の職業構成の比率がシフトしている「自営業層のホワイトカラー化」の傾向を指摘し，自営 W と自営 B への流出率と流入率の分析から「自営業層のなかでも自営ホワイトカラーと自営ブルーカラーの間には分断が見られる」（鄭 1998b: 141）と結論づけている．

　こうした自営業における職種間で異なる趨勢は，職種間において異質なメカニズムが自営業の参入に働いている可能性を示唆するものとして理解できよう．それゆえ，失業率で表される労働市場における就業機会の低減が自営業への参入／からの退出に与える影響を見極めるという本章の目的から見れば，決して職種間での異質性を等閑視することはできない．加えて，本章で検討を試みる親世代からの地位結合の影響に関しても，自営 W と自営 B との間で世代間移動のあり方が異なっているという指摘もあり（佐藤 1998），この点からも自営 W と自営 B を峻別し

て分析を行なう必要がある．以上の議論をふまえ，分析では自営業を職種によって自営 W，自営 B，自営専門に分けて行なう[3]．

　主たる独立変数の 1 つである失業率は，総務省が実施する労働力調査に基づく各年の完全失業率の百分率を用いる[4]．ただし，失業率で表される就労機会の程度と自営業への参入／からの退出傾向との関連に注目する本章の主眼に鑑みれば，同時点（年度）の失業率と個人の雇用状態を検討する方法は，因果関係が明確ではないと考えられる．そこで，本章では失業率の変動が個人の職業移動へ影響を与えるという因果の方向を想定し，分析には 1 年前の失業率の値を用いる（Box-Steffensmeier and Bradford 2004: 110–111）．

　個人レベルの独立変数の 1 つである父親の職業には，回答者が「父親の主な仕事」であると答えた職業を用いて以下の 5 カテゴリからなる変数とした．すなわち，先述した自営業カテゴリを含む SSM 総合 8 分類に，従業上の地位から「非正規（臨時雇用・パート・アルバイト，派遣社員，契約社員・嘱託）」と「その他（無職・父はいなかった）」を区別・追加したカテゴリを用いて，「被雇用」（専門・大 W・小 W・大 B・小 B），「自営 W」，「自営 B」，「農業」，「その他」（非正規・その他）の 5 カテゴリである．

　個人レベルにおけるもう 1 つの独立変数である自営業への参入前の企業規模は，1 年前に勤めていた企業の従業員数から操作化を行なう．具体的には，従業員数が「30 人未満」，「30〜299 人」，「300 人以上」，「その他（官公庁，初職 1 年目）」の 4 カテゴリに区別した変数を用いる．なお，ここで官公庁と初職 1 年目を統合して 1 つのカテゴリとしたのは，ランダムではない欠測によるバイアスの回避，および初職 1 年目のケースに由来する完全な共線性をキャンセルするためである．分析では，コントロール変数として，他の職業関連の情報も投入しているが，初職 1 年目のケースではどの職業関連の変数でも必ず値が欠測してしまう．この欠測の問題に対しては，初職 1 年目を別個のカテゴリとして定義するアプローチが考えられるが，この方法ではどの職業関連の変数でも初職 1 年目のケースは同じ値になってしまい，完全な共線性が生じてしまう．

そこで，本章の主眼の1つである失業率の変化にはあまり影響されないと考えられる官公庁カテゴリと統合することで，本章の分析目的を損ねることなく，これらの問題に対処した．

コントロール変数としては，次の変数を用いた．各年の年齢と年齢の2乗項，（自然）対数変換を施した基底時間（自営業ではない状態の継続年数），中学・高校・高専・短大・大学・大学院にそれぞれ9・12・14・14・16・18の数値を割り当てた教育年数，高度経済成長期（1954年〜73年）・安定期（1974年〜86年）・バブル経済期（1987年〜90年）・不況期（1991年〜2015年）の4カテゴリからなる時代区分，1年前の実質1人当たりGDP（百万円単位．以下，GDPpc)[5]，事業分類を「建設・製造」・「卸売・小売・飲食」・「（各種）サービス業」・「公務・初職1年目」・「その他」カテゴリからなる1年前の事業内容，従業上の地位に基づき「正規雇用」（経営者・役員・一般従業者)，「非正規雇用」（臨時雇用・パート・アルバイト・派遣社員・契約社員・嘱託)，「その他」（左記以外の従業上の地位と初職1年目のケース)[6] に区別した1年前の雇用形態を用いる．

以上の変数のいずれかで欠測したケースをリストワイズで処理を行ったところ，分析対象となる最終的なデータセットの観察数は115,397になった．

3. 分析結果

本節では，計量的な手法を用いて父親の職業と本人の就業経験（特に企業規模）が自営業への参入に及ぼす影響を分析する（3.1項)．そのうえで，それらの要因と失業率の関係が参入に与える影響を捉える（3.2項)．最後に，同様の枠組みを用いて自営業からの退出を分析する（3.3項)．

3.1 父親主職と企業規模の参入に及ぼす影響

本項では，異なる独立変数を想定する4つのモデルの比較・検討を通

して，仮説 A1，A2 と仮説 B1，B2 の検証を行なう．1 つ目のモデル
（モデル1）は独立変数にコントロール変数のみを想定するモデルで，こ
のモデル1をベースラインとして，ミクロレベルの独立変数である父親
の主職と1年前の企業規模を追加したモデル（モデル2），マクロレベル
の独立変数である1年前の失業率を追加したモデル（モデル3），マクロ
とミクロの両方の独立変数を追加したモデル（モデル4）の4つのモデ
ルを検討する．

表2-1はモデルのあてはまりを示す指標として，各モデルの AIC と
ネスト関係にあるモデル間での尤度比検定の結果（P 値）を示したもの
である．この表から，マクロとミクロレベルの変数を同時に考慮したモ
デル4の AIC がもっとも低く，それぞれミクロレベルの変数を考慮し
たモデル2とマクロレベルの変数を考慮したモデル3を有意に改善して
いることが読み取れる．ただし，モデル4とモデル2との尤度比検定の
結果（p＝0.092）から決定的な判断は難しく，また，モデル3はモデル
1を有意に改善していないため，自営業への参入に対する失業率の影響
に関しては，慎重な確認が必要となる．しかし，本章では失業率との関
係について議論を展開するためにモデル4に焦点を当てる[7]．

表2-1　モデル指標（モデル1〜モデル4）

モデル	独立変数	対数尤度	自由度	AIC	尤度比検定 (基準：モデル1)	尤度比検定 (基準：モデル4)
モデル1	年齢，年齢の二乗項，基底時間（自然対数），教育年数，性別，時代区分，実質 GDPpc，1年前の事業内容，1年前の雇用形態	−4659.9	346143	9415.85	—	—
モデル2	モデル1＋父親主職＋1年前の企業規模	−4531.9	346119	9207.72	0.000	0.092
モデル3	モデル1＋失業率（1年前）	−4656.8	346140	9415.59	0.100	0.000
モデル4	モデル1＋父親主職＋1年前の企業規模＋失業率（1年前）	−4528.6	346116	9207.27	0.000	—

第2章　自営業への／からの移動——失業率との関係に着目して

表2-2　離散時間ロジットモデルによる推定結果（参入）

	自営B		自営W		自営専門	
	係数	標準誤差	係数	標準誤差	係数	標準誤差
切片	-5.239 ***	0.834	-6.393 ***	0.759	-14.046 ***	1.775
基底時間（自然対数）	0.786 **	0.279	1.288 ***	0.264	0.130	0.417
年齢	-0.109	0.071	-0.292 ***	0.062	-0.044	0.119
年齢の2乗	0.000	0.001	0.003 ***	0.001	0.000	0.001
教育年数	-0.025	0.038	0.258 ***	0.034	0.551 ***	0.073
性別男性（基準：女性）	1.013 ***	0.148	0.176	0.127	0.473 †	0.266
時代区分（基準：高度経済成長期）						
安定期	-0.273	0.261	-0.154	0.252	0.540	0.682
バブル期	0.282	0.438	-0.453	0.438	1.150	1.049
不況期	0.272	0.558	-0.438	0.541	0.837	1.355
実質GDPpc（1年前）	-0.274	0.244	0.164	0.251	-0.212	0.614
1年前の事業内容（基準：建設・製造）						
卸売・小売・飲食	-0.059	0.168	1.030 ***	0.143	0.266	0.498
サービス業	0.187	0.159	-0.246	0.195	1.473 ***	0.392
公務・初職1年目	-1.356	1.075	1.397 ***	0.365	1.580 *	0.757
その他	-1.096 ***	0.245	-0.276	0.193	1.250 **	0.396
1年前の雇用形態（基準：非正規雇用）						
正規雇用	0.130	0.210	0.057	0.181	-1.333 ***	0.295
その他	-0.207	0.352	-0.098	0.280	-0.834 †	0.503
父親主職（基準：被雇用）						
農業	-0.132	0.299	0.228	0.242	0.257	0.390
自営専門	0.253	1.010	0.676	0.719	0.689	0.742
自営W	0.523 ***	0.141	0.636 ***	0.133	-0.451	0.299
自営B	0.815 **	0.247	0.199	0.308	0.805 †	0.443
その他	0.112	0.228	0.508 *	0.205	-0.683	0.600
1年前の企業規模（基準：300人以上）						
30人未満	1.453 ***	0.182	0.877 ***	0.160	1.055 ***	0.315
30〜299人	0.619 **	0.201	0.493 **	0.166	0.490	0.321
官公庁・初職1年目	-1.261 †	0.645	-1.095 **	0.363	-1.022 *	0.461
失業率（1年前）	-0.042	0.091	-0.202 *	0.085	-0.105	0.149
観察数			115,397			
イベント数（自営B）	296		326		81	

注：*** : $p<0.001$，** : $p<0.01$，* : $p<0.05$，† : $p<0.1$

では，それぞれの独立変数はどのような影響を及ぼしているのだろうか．モデル4における係数の推定結果を示した表2-2に基づいて，仮説で言及していたそれぞれの変数の影響を確認しよう．まずミクロ的な特性に関してだが，仮説B1「父親が自営業者であることによって本人の自営業への移動を促進させる」に対応する父親の主職に関しては，自営Wと自営Bにおいては父親と本人間での地位結合の傾向が確認できる．つまり，父親が被雇用である場合と比較して，父親の主職がそれぞれ自営Wと自営Bであれば，本人も同じ職種の自営業に参入しやすい傾向である．ただし，父親が自営Wであることも本人が自営Bへ参入しやすい傾向が示されており，職種に関係なく父親が自営であることによって，自営Bへの参入を促進しているとも理解できる．そこで自営Bをイベントとする父親の自営Wと自営Bの係数の同一性をWald検定に基づいて検討した結果，係数の同一性は棄却されない（$\chi^2 = 1.5$, $df = 1$, $p = 0.220$）．つまり職種間で明瞭に峻別される自営業の地位結合が示されたとまではいえない．しかしここでは，仮説B1は自営Wと自営Bにおいておおむね支持されたのに対して，自営専門においては支持されないと判断しておきたい．

　また，仮説B2「中小企業での就業経験が本人の自営業への移動を促進させる」に対応する自営業への参入前の企業規模に関して，それぞれのイベントに対する企業規模の有意な正の係数が確認できる．ただし，300人以上の企業規模を基準とした場合，自営Wと自営Bに関しては30〜299人と30人未満の両方の規模に有意な正の係数が確認できるが，自営専門に関しては30人未満のみが有意な係数を示しており，自営業の職種間で企業規模の影響に差異が見られた．しかし，先行研究でも指摘されていた30人未満の小規模企業から自営業へ参入しやすいという傾向は，たとえ失業率を考慮したとしても成り立つ傾向であることが示された．ここから，仮説B2を支持する結果が得られたといえる．

　他方，仮説A1「失業率の上昇にともなって自営業への参入が促進される」と仮説A2「失業率の上昇にともなって自営業への参入が抑制される」に対応する失業率の影響に関しては，職種間の明確な差異が確認

できる．すなわち，自営Bと自営専門への参入に対しては失業率の影響は確認されなかったが，自営Wに関してはその参入を抑止する傾向が確認できる．こうした職種間で異なる傾向にあることが，先の（判断が難しい）尤度比検定を用いたモデル比較の結果を生み出したと理解できる．この結果から，自営Bと自営専門に対してはいずれの仮説も支持されないが，自営Wに関しては，A2の仮説を支持する結果が示されたといえる．

3.2　失業率と企業規模との交互作用による影響

本項では，仮説C1「世代間の継承の影響は，失業率の上昇時においてより顕著に現れる」とC2「失業率が上昇する状況において，中小企業の人は自営業への参入傾向が抑制される」に対応する分析結果を示す．仮説の検討には，前項で用いたモデル4をベースラインモデルとして，それに失業率と1年前の企業規模の交互作用を考慮したモデル（モデル5），失業率と父親の主職との交互作用を考慮したモデル（モデル6），以上の2つの交互作用を同時に考慮したモデル（モデル7）の3つのモデルを用いて行なう．

表2-3は，モデル5〜モデル7のAICとネスト関係にあるモデル間での尤度比検定の結果（P値）を示したものである．この表から，主効

表 2-3　モデル指標（モデル5〜モデル7）

モデル	独立変数	対数尤度	自由度	AIC	尤度比検定（基準：モデル4）	尤度比検定（基準：モデル7）
モデル5	モデル4＋失業率（1年前）×1年前の企業規模	−4519.5	346107	9206.93	0.031	0.053
モデル6	モデル4＋失業率（1年前）×父親主職	−4515.9	346101	9211.73	0.043	0.040
モデル7	モデル4＋失業率（1年前）×1年前の企業規模＋失業率（1年前）×父親主職	−4507.1	346092	9212.12	0.010	―

果のみを想定したモデル 4 に比べて，失業率と 1 年前の企業規模との交互作用を想定したモデル 5，および失業率と企業規模，父親の主職との交互作用を考慮したモデル 7 が有意に改善していることがうかがえる．しかし，モデル 5 に比べて，モデル 7 は有意な改善をしておらず，また AIC もモデル 5 が小さいため，ここから仮説 C1 で言及していた父職と失業率の交互作用は支持されないと判断できる．

　表 2-4 は，もっとも適合度が上昇したモデル 5 の推定結果を示したものである．ただし，前述のモデル 4（表 2-2）とは主効果に大きな違いはなかったため，ここでは仮説 C2 の検討に必要な係数のみを抜粋して示した．さらに，交互作用の効果を視覚的に理解するため，表 2-4 に示した係数から，失業率と企業規模の変化に応じたハザード率の変化を図 2-1 に示した [8]．

　本章の最も重要な問題関心である失業率と企業規模との交互作用を表 2-4 で確認すれば，自営 W への参入のみに有意な効果が確認できる．前項の分析結果では，失業率の直接的な影響が自営 W のみに見られる傾向が示されたが，企業規模との交互作用についても職種間での明瞭な違いが見られた．

　失業率は 1960 年代から 1970 年代前半にかけて 1% から 2% の間にあったが，2000 年代に入って 5% 前後まで増加している．こうした失業率の時間的変化をふまえつつ，失業率の影響を受けて変化する自営業への参入傾向を図 2-1 で確認すれば，まず企業規模 300 人以上の場合は，自営 B と自営 W のいずれに関しても失業率の変化に依存しない形で，自営業への参入傾向が低い水準で定まっていることが確認できる．しかし，それ以下の企業規模では職種間で異なる傾向が確認でき，30 人未満の企業規模から自営 B へ参入する傾向は，失業率の影響をほとんど受けないことが見て取れる一方で，自営 W への参入には，失業率の上昇とともに抑止されていく傾向が示されている．加えて，30〜299 人以下の企業規模に関しては，図 2-1 からは自営 W への参入が逓減していく傾向が視覚的に読み取れるが，自営 B に関してはその傾向は見られない．そして，300 人以上の企業規模との相違は有意ではないため，そ

68

第2章 自営業への／からの移動――失業率との関係に着目して

表 2-4 モデル 5 の離散時間ロジットモデルによる推定結果（抜粋）

	自営 B 係数	標準誤差	自営 W 係数	標準誤差	自営専門 係数	標準誤差
失業率（一年前）	−0.010	0.150	0.000	0.117	−0.102	0.227
前職規模（基準：300 人以上）						
30 人未満	1.579 ***	0.404	1.758 ***	0.376	1.489 †	0.815
30〜299 人	0.619	0.454	1.292 **	0.400	0.262	0.881
官公庁・初職一年目	2.449	2.252	−1.528 *	0.705	−1.796	1.170
失業率（一年前）×						
30 人未満	−0.051	0.147	−0.338 **	0.127	−0.147	0.251
30〜299 人	0.000	0.165	−0.301 *	0.136	0.072	0.261
官公庁・初職一年目	−2.172	1.564	0.142	0.197	0.247	0.332

注：*** : p<0.001, ** : p<0.01, * : p<0.05, † : p<0.1

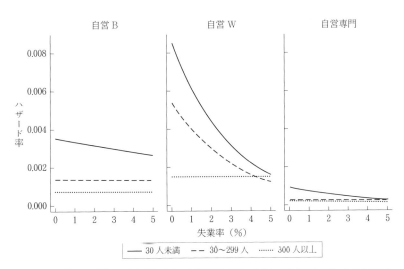

注：ハザード率とは，「時点 t_i より前にイベントが発生しなかったという条件のもとで，t_i にイベントが発生する確率」である（三輪・林編 2014: 233-234）。

図 2-1 ハザード率の変化

の傾向を強く主張することはできない．しかし，自営 W に関しては，300 人以上の企業に対して有意な負の影響が確認できるため，失業率の上昇とともに自営 W への参入傾向は抑制されると理解できる．

他方，自営専門への参入は自営 W と自営 B とは異なる様子がうかがえる．具体的には，いずれの企業規模においてもハザード率が低いことに加えて（参入が生じにくい），失業率と企業規模の関係はほとんど見られないことに特徴がある．この点で他の職種とは参入のあり方が大きく違っている可能性が示された．

以上の結果をまとめると，自営 B と自営専門への参入に関しては，そもそも失業率と企業規模は関連がないという意味で仮説 C2 は支持されない．一方，自営 W への参入に関しては，仮説 C2 は支持されたと判断できよう．

3.3 退出に及ぼす失業率と企業規模の影響

本項では，3.2 項と同様の手法を用いて自営業からの退出についての分析結果を示す．ここでは前項までの検討をふまえて統制変数に加えて父親の主な職業，参入 1 年前の企業規模および失業率を加えたモデルによって分析した．表 2–5 を見ると，失業率は自営業からの退出に影響を有していないことがわかる．加えて，職種と失業率の交互作用にも統計的に有意な関連は見られないだけではなく，モデルの当てはまりを AIC で確認するかぎり改善されていない．つまり，失業率と職種は自営業からの退出に何ら関連が見られないということが示された．

とはいえ，本章の分析対象とした退出のイベント数はごくわずかであるために，この結果が頑健であるとはいえない．ただし，自営業の退出を対象とする直近の研究によれば，失業率と退出とは関連しておらず，大規模小売店舗法の廃止という制度的変化を念頭においた 2000 年代以降に退出しやすくなるという傾向は確認されていない（平尾 2018: 219–221）．本章の文脈に即していえば，自営 W からの退出が近年になるほど促されるわけではない．

他方，父親が自営業であることと本人の自営業からの退出との関連も

第 2 章　自営業への／からの移動——失業率との関係に着目して

表 2-5　離散時間ロジットモデルによる推定結果（退出）

	交互作用なし		交互作用あり	
	係数	標準誤差	係数	標準誤差
切片	−1.949	1.209	−1.852	1.210
基底時間（自然対数）	−0.486	0.315	−0.516	0.318
年齢	0.261 ***	0.077	0.258 ***	0.078
年齢の二乗	−0.003 ***	0.001	−0.003 **	0.001
教育年数	0.052	0.067	0.051	0.067
性別男性（基準：女性）	1.238 ***	0.236	1.258 ***	0.236
時代区分（基準：高度経済成長期）				
安定期	0.615	0.464	0.656	0.463
バブル期	0.948	0.785	0.963	0.784
不況期	1.222	0.978	1.223	0.978
実質 GDPpc（1 年前）	−0.169	0.409	−0.146	0.409
父親主職（基準：被雇用）				
農業	0.438	0.654	0.481	0.655
自営専門	-----a	-----	-----	-----
自営 W	0.271	0.271	0.299	0.271
自営 B	0.333	0.533	0.341	0.532
その他	0.785	0.512	0.762	0.514
自営業の規模（基準：2〜29 人）				
単独	0.477	0.374	0.465	0.374
1 年前の職業（基準：自営 B）				
自営 W	0.546 *	0.220	0.604	0.443
自営専門	−0.030	0.495	−1.733	1.170
失業率（1 年前）	−0.229	0.165	−0.268	0.182
職業 × 失業率（基準：自営 B）				
自営 W			−0.019	0.155
自営専門			0.624	0.442
AIC	956.04		957.35	
観察数		4,486		
イベント数		105		

注 1：*** : p＜0.001，** : p＜0.01，* : p＜0.05，† : p＜0.1
注 2：a については，自営業から退出したケース数が少なく係数を推定することができなかった。

見られないことに加えて，係数の符号が正となっている．この結果は既存研究とは異なる傾向を示している．具体的には，1995 年 SSM 調査を用いた研究によれば，父親が自営業であれば自営業から退出しにくいことが示されているのである（Ishida 2004: 375）．それに対して平尾による研究においても父親が自営業であることは退出に影響を持っていないという本分析と類似したものとなっている（平尾 2018: 219-221）．もちろん，本項の分析では退出した時代を厳密に区分しているわけではないので断定的なことはいえないが，1995 年以降に父親の影響力の低下という 1 つの変化を捉えているのかもしれない．

それ以外の変数の影響を見ると，自営 W が正の有意な値となっている．つまり，自営 B を基準とした場合に自営 W であることによって退出しやすいという影響を示している．それに対して，自営専門は有意な値ではないが負の符号となっている．職種間の明瞭な違いとまではいえないが，自営専門は他の職種よりも自営業にとどまりやすい傾向を示していると理解できる．

4.　失業の受け皿とはなりえない日本の自営業

本章では，労働市場のマクロ的な特性である失業率とミクロ的な特性である個人要因の 2 つの観点から，自営業への参入／からの退出メカニズムを捉えることを試みた．とりわけ，研究蓄積の豊富な自営業への参入に関する知見を生かして失業率との関係をふまえてその移動を捉えることに焦点を置いた．具体的には SSM 調査データを用いた自営 B，自営 W と自営専門をイベントとする離散時間ロジットによる分析から，マクロレベルの失業率の変動とミクロレベルの個人要因が相互に関連する自営業への参入／からの退出について次の点が明らかとなった．

第 1 に，日本における失業率の変動は自営業への参入を促進しなかった．ただし，失業率は，自営業の職種によって異なる影響の仕方であることがわかった．具体的には，失業率は自営 B と自営専門への移動に対しては有意な影響が見られない一方で，自営 W への移動に対しての

み有意な負の影響が明らかとなった．失業率の変動にかかわらず，日本の自営業への移動が促進されない理由の1つは，自営業を取り巻く制度が他国と比較して根本的に異なるためであろう．本章1節でも指摘した通り，日本の自営業への移動を考える際には，雇用保護の制度が比較的に強いことに加えて，参入の初期コストの制約は親からの遺産や贈与によって乗り越えることを促進する事業継承の制度の存在が大きい．そのため，日本では，他国におけるインフォーマルセクターが想定しているような参入障壁が低く，誰でも容易に参入できる類いの自営業ではないことが考えられる．その結果，たとえ失業率が上昇したとしても，自営業への参入が促進されないのだろう．ただし，第1章で述べた通り，日本の雇用保護は一般的に厳しい（解雇させにくい）と考えられているが，ヨーロッパ諸国と比べると必ずしも厳しいとはいえない点には注意が必要である．

　第2に，失業率と個人属性との交互作用の分析から，失業率の違いによって父職が与える効果が変化しないこと，そして，自営Wへの参入に対して，失業率は自営業へ参入する前の企業規模の大きさによって異なる影響を及ぼしていることが明らかとなった．とくに失業率の上昇とともに中小企業（30人未満と30〜299人以下）から自営業への移動が抑制される傾向が顕著に示された．前者の結果は，自営業への参入に関わる世代間の地位結合が，失業率という労働市場の状況に左右されないロバストなメカニズムであることを示しているといえよう．後者の結果は，失業リスクが高い脆弱な立場にある中小企業の個人が，失業率が上昇したときには，むしろ自営業（W）に参入しにくいことを指摘するもので，先述した失業から人びとを救うインフォーマルセクターとしての自営業ではない可能性を一層強く示唆している．第3に，失業率は自営業からの退出に影響を及ぼしていないことが明らかとなった．加えて，失業率と職種の交互作用による関係も見られないことが示された．

　このように，マクロ的特性（失業率）とミクロ的特性（前職企業規模）が絡み合いながら自営業への参入／からの退出（とりわけ参入に対して）を形成している．マクロ／ミクロの2つの特性を同時的に分析枠組みに

組み入れた本章の貢献は，マクロ／ミクロの特性を個別に検討していた既存研究にはない新たな知見の提示に成功した点にある．この枠組みが，職業移動研究をさらに進展させるうえで有用な視座となる可能性を示しているといえよう．しかし，以上の結果だけでは移動のメカニズムについて十分に考察されていない問題もいくつか残されている．

1つ目の問題は，なぜ失業率と自営Bと自営専門への参入には関連が見られないのだろうか，という点である．この問題は，自営業へ参入するために掛かるコストと関係していると考えられる．とりわけ自営業への参入に必要な資本に着目すれば（三谷・脇坂編 2002），同じ自営業でも職種によって求められる資本の水準が異なる．自営Wには開業者本人の経営能力や販売先のネットワークを中心とする人的資本が要求される一方，自営Bにはそれらに加えて製造や生産にかかわる設備を準備するための経済的な資本が要求される．端的にいえば，自営Bは自営Wに比べて経済的な参入コストが高い．事実，近年の開業費用は，比較的に低い費用に抑えられていることが指摘されているが，自営Bにカテゴライズされる製造業などに比べて，自営Wにカテゴライズされるサービス業などの開業費用は相対的に低いことが示されている（国民生活金融公庫総合研究所 2005）．

この職種間での参入資本の違い，とくに自営Bへの参入に求められる高い経済的コストから，労働市場の状況にかかわらず，初期コストの負担の大きい自営Bへの参入が避けられる可能性がある．というのも，1990年代後半の失業率上昇は，主に会社の雇用調整などによって失業した非自発的失業者によって引き起こされている（日本労働研究機構 2001）．予期しない理由によって非自発的に退職を迫られる人びとにとっては，初期コストが大きな障壁となることが予想される．こうした参入コストの高さ，そして参入への準備期間が十分にないことが，失業率と自営Bとの無関連の背景にあると考えられる．しかし，この解釈では初期コストが高いとは必ずしも限らない自営専門については説明したことにはならない．1つの解釈として，自営専門は自営Wや自営Bとはそもそも異なる移動のあり方になっている可能性が考えられる．この

第2章　自営業への／からの移動——失業率との関係に着目して

点については部分的にではあるが，第4章で職業経歴およびそのパターンからアプローチする．

　2つ目の問題は，なぜ失業率が上昇するほど自営Wへの参入が抑制されるのか，という点である．本章では，日本の自営業への移動が失業率の上昇時に促進されない理由をインフォーマルセクター論の観点から説明してきた．しかし，自営Bと自営専門ではなく，自営Wへの移動が抑制されることを説明するためには，自営業が潜在的／顕在的な失業者の就業先を提供すると考えるインフォーマルセクター論に加えて，日本の自営Wが労働市場に置かれた状況を考慮する必要がある．先述した通り，日本の自営業の内実がホワイトカラーへ変容しつつあることと関連していると考えられる（鄭 1998b）．その1つの側面として，自営業が雇われ店長や請負労働のような形態で雇用労働に近い就労形態で働いている実態である（阿部 2006；佐藤 2006）．いわば，自営業の非正規雇用化である．事実，自営業を非正規雇用の一部に分類したうえで，非正規雇用（パート，臨時雇用，自営業）に対する制度的条件の違いが，自営業の比率に影響を及ぼす状況を考察した研究がある（Hevenstone 2010）．これらの研究から敷衍すれば，日本の自営Wが雇用市場の周辺部に位置づけられていることによって，失業率の上昇を受けて自営Wの市場も縮小していることが考えられる．そのため，自営Wへの移動が抑制されたと考えられる．

　しかし，この解釈では労働市場から押し出される人びとがどこへ移動するのかは説明できていない．その移動先は，労働市場全体を視野に入れて考察する必要がある．具体的には，日本の労働市場では，自営業の減少と非正規雇用の増加が1990年代後半までは強く相関しており（仁田 2011），非正規雇用と自営業が代替的な機能を果たしている可能性である（太郎丸 2013）．ただし，自営業を取り巻く制度的条件と同様に，非正規雇用も制度による影響を大きく受けていると考えられる．そのため，それぞれへの／からの職業移動を分析する際には，制度的条件を視野に入れた分析枠組みが必要であろう．

　この点を検討するにあたっては，産業構造や文化面での類似点が多い

韓国や台湾との比較研究が参考になる（e.g. 園田 2005; 有田 2008, 2009; Tarohmaru 2011; Kanbayashi and Takenoshita 2014; 竹ノ下 2011b, 2014; 太郎丸編 2014）．韓国や台湾では自営業や家族従業者の比率が日本に比べて高く，日本の自営業とは逆にあまり熟練を必要としない自営業が多い（竹ノ下 2011a）．加えて，韓国や台湾ではパートやアルバイトの規模が依然として小さいことに鑑みれば，自営業や家族従業者がインフォーマルセクターとしての役割を担っていると考えられる（太郎丸 2013）．一方，日本の労働市場では自営業は減少しているのに対して，制度の変更に伴ってパートやアルバイトなどの非正規雇用が急激に増加している．この現象はインフォーマルセクターの規模がますます小さくなっているとも読み取れる．つまり，日本の自営業が失業層を救う役割を果たさない理由は，他国が想定するような自営業ではないという根本的な理由に加えて，昨今の日本の労働市場では，「参入障壁が低く，参入しやすい就業先」は，インフォーマルセクターとしての自営業ではなく，非正規雇用がその役割を担っていると考えられる．それを分析するためには，本章で行った自営 W，自営 B と自営専門職を競合するイベントとする分析枠組みでは不十分で，職種別の非正規雇用もイベントに組み入れた枠組み，さらにはイベントごとに参入資本の違いを想定できる条件付きロジットへの拡張が必要となる．

　しかしながら，国際比較や就業形態の相違へと議論を進める前に検討すべきことが本章の分析から見えてきた．すなわち，自営専門への移動は中小企業の就業経験が参入を促すという既存研究が示してきた類似点を有するものの，父親の職業に影響を受けていないことに加えて，失業率との関係はほとんどない形で生じていることである．直接的な比較は難しいが，失業率が上昇する 1990 年代から 2000 年代にかけて自営専門の絶対的な数は増加していることが明らかとなっている（序章）．その時代を想定した失業率を当てはめた検討からは自営 W や自営 B とは明らかに異なる移動となっていることが考えられる（図2-1）．しかし，専門・技術的職業の絶対的な数のうえでの増加という職業構造の変化は，いうまでもなく自営業だけではなく雇用労働においても生じている．そ

のため，職業構造の変化を考慮した分析と同時に，個人の移動を捉えることにより研究を一歩進めることができる．

　端的にいえば，戦後から現代に至る日本社会において，自営業の職業構成は専門職へと移行しているのかという点である．そこで次章ではこの問いに答えることによって，日本の自営業がどのような方向に進みつつあるのかを示すことを試みる．

注
1)　阪口（2011）は，会社都合などの非自発的離転職を従属変数とする離散時間ロジットモデルの分析から，中企業に比べて小企業の離転職ハザード率が高く，大企業のそれが低いことを明らかにしている．
2)　イベントヒストリー分析（その1つである離散時間ロジットモデル）についての解説は紙幅の都合のために割愛した．詳しくは，Yamaguchi（1991），Box-Steffensmeier and Bradford（2004）や三輪・林編（2014）などを参照されたい．
3)　本章の分析は日本の職業移動研究の系譜に位置づけられる．そのため当該領域で用いられている「自営W」（自営ホワイトカラー）と「自営B」（自営ブルーカラー）という呼称で議論を進める．
4)　失業率のデータは総務省統計局のHP（http://www.stat.go.jp/data/roudou/）より取得した（最終アクセス日：2018年4月20日）．
5)　GDPpcのデータは，世界銀行のデータバンク（http://data.worldbank.org/country/japan）より取得した（最終アクセス日：2018年4月20日）．
6)　ただし，従業上の地位の「その他」カテゴリには，従業上の地位を自営業と答えているケースがあるが，内実は総合8分類上では専門，ないしは農業に相当している．
7)　各モデル間の比較や結果の解釈については仲・前田（2014）を参照されたい．
8)　他の独立変数の値には，分析に用いたデータセットに基づいて推定された平均値を用いている．

第3章

自営業の職業構成の趨勢
―――職業構造の変動を考慮して

　本章では自営業と専門的・技術的職業の関連の強度が 1955 年から 2015 年にかけて常時雇用と比べると次第に強まったのか，個人の職業移動において専門的・技術的職業への参入が他の職種の自営業への参入に比べて近年になるほど生じやすくなっているのかを，SSM 調査データを用いて明らかにする．分析の結果，自営業と専門職の結びつきは職業構造の変動を考慮したとしても，1955 年から 2015 年にかけて強まっていることがわかった．さらに，自営専門職への参入は近年になるほど生じやすい傾向が高まっているのに対して，販売職や熟練職への参入は生じにくい傾向となっていることが明らかとなった．この結果は，自営業の職業構成が徐々に専門的・技術的職業へと変容していくことを示唆している．その傾向は常時雇用ではなく自営業において顕著であることが示された．

1.　問題の所在―――自営業の職業構成は専門的・技術的職業へと移行しているのか

　前章の検討によって自営専門職への移動は失業率や父親の職業とは関連していない形で生じていることが明らかとなった．ところが，序章で述べたように自営業において専門的職業の数が増えているとすれば，それは自営業に生じた特有の現象であるのか，あるいは日本の職業構造が専門職へとシフトしているために常時雇用においても生じている類似の現象といえるのかという趨勢を見極める必要がある．いわば，専門職，管理職，事務職，熟練職などの職業分類から見た職業構成の変動の影響を取り除いたうえでの相対的な結びつきがどのように変化してきたのか

という研究課題である．その課題と同時に，個人の職業移動の水準において自営ホワイトカラー（自営 W）や自営ブルーカラー（自営 B）への参入に比べて自営専門職への参入が生じやすくなっているのかという検討課題もある．本章ではこの両面から自営業の趨勢を捉えていく．

とはいえ，自営業の中でも専門的・技術的職業に着目することはそれほど真新しいことではない．というのも，第1章で述べたように諸外国において増加している自営業の内実は，サービス産業化に伴った専門的・技術的職業であることがすでに指摘されているためである（OECD 2000: 157-163）．ここでいうサービス産業として念頭に置いているのは，金融仲介業，不動産業，サービス業（コミュニティ・サービス，社会サービス，対人サービスなど）である．これらの産業と直接的あるいは間接的に関係する専門職，技能職や準専門職の自営業が増加していることが示されている（OECD 2000）．

加えて，これからの労働の世界を考えるうえで外すことはできない知識経済の発展とともに生じつつある非標準的な雇用形態としての自営業への着目である（Walby et al. 2007＝2016: 183-186）．ここでいう知識経済とは，情報通信技術を基盤とした産業をもつ経済，あるいは情報部門をもつ経済などを指す．そのような経済の中で自営業は雇用システムの安定した一部になると捉えられている．とりわけ，メディア産業におけるフリーランスの増加とジェンダーの平等との関係を捉えた研究によれば，「仕事の自律性と高い専門的資格の取得は，働く意欲を内側から高め，仕事への献身度を高める要素であり，それがこの分野でフリーランスで働くことを魅力的なものにしている」（Walby et al. 2007＝2016: 208）という．むろん，すべての専門職がこれらに該当するとは考えていないが，知識経済化にともなう自営業への着目はドイツやイギリスにおいても高まっていると考えられる．本書が対象とする「自営専門職」もこの文脈の1つとして理解することができる．

日本の自営業についても専門職とその趨勢に着目した研究がなされており，マクロデータを用いて 1975 年から 1995 年にかけて専門的・技術的職業のみが増加していることが指摘されていることはすでに述べた

（八幡 1998）．他方，ミクロデータを用いた研究においても，1990 年代以降の日本の自営業も他国と同様にその職業構成が複雑になりつつあることが指摘されている（鄭 2002）．その理由として，従来の自営業の中心をなしていた製造業は停滞している一方で，新しい産業としてサービス業の躍進を挙げている（鄭 2002: 172）．そして，1980 年代の後半以降に急速に減少し始めた日本の自営業の中で伸びている唯一の職業が専門職なのである（西村 2008: 153）．

　上述のように自営業の職業構成の変化を指摘する研究はあるものの，戦後から現代までの自営専門職の趨勢を計量的に捉えた研究はほとんど存在していない．より正確にいえば，第 3 節で見るように職業に占める専門職の比率は自営業と常時雇用のいずれにおいても高まっていることは明らかであるが，そのような変化の影響を取り除いたうえで自営専門職の趨勢を見極めるという研究課題に答えた研究はなされていないのである．そこで本章では，自営業と専門職の結びつきは常時雇用と比べた際に，職業構造の変動を考慮しても 1955 年から 2015 年にかけて強くなってきたといえるのか，自営専門職への参入は近年になるほど生じやすくなってきているのかを，大規模社会調査データを用いて計量社会学的な観点から明らかにする．

2. 方法

2.1 データ

　分析に使用するデータは，1955 年から 10 年ごとに 2015 年までに実施された社会階層と社会移動全国調査の 7 時点データである（以下，SSM 調査データ）．職業の構造的な側面を分析するに際しては各調査時点において年齢 20 歳から 60 歳までの有職者に限定した．ただし，1955年から 1975 年の調査が男性のみであることを考慮し，各調査年のクロス表を用いる分析では男性に限定している（3.2 項）．一方，個人的な職業移動の側面についての分析では男女を含む 2005 年と 2015 年の職業経歴データからパーソンピリオドデータを再構成して用いた（3.3 項）．

2.2 変数

用いる変数は，2.3項で述べる分析方法に応じて次のように作成した．まず，クロス表の分析に用いるのは現職の就業形態，職業，調査年の3変数である．就業形態は，常時雇用者と自営業者の2カテゴリとした．就業形態として非正規雇用者も比較対象として考えられるが，その内実は時代によって大きく異なるために扱うことを控えた．たとえば，1955年時点での非正規雇用者は日雇いや臨時工などが多く含まれているのに対して，2015年時点での非正規雇用者はパート・アルバイト，派遣社員や契約社員などと統合することになる．同じ「非正規雇用者」というカテゴリであったとしても，その内実が大きく異なるために同じカテゴリとして扱って良いかは疑問の余地が残る．そのため，本章では常時雇用者と自営業者に限定した．ただし，非正規雇用を含めた就業形態の相違に関する論点は2000年代以降に限定した議論を行なう第6章において部分的に取り上げることになる．

職業は，専門職，販売職，熟練職，非熟練職の4カテゴリとした．各カテゴリは専門職と技術職を統合して専門職，事務職と販売職を統合して販売職，半熟練職と非熟練職を統合して非熟練職とした[1]．調査年は1955年，1965年，1975年，1985年，1995年，2005年，2015年の7カテゴリとした．以上のいずれかの変数に欠測が生じた場合のケースを除いた11,017を分析対象とした．

次に職業移動の分析における従属変数は職業ごとの自営業への参入のハザード率である[2]．職業は自営専門職，自営W（販売職と事務職），自営B（熟練と非熟練職）の3カテゴリである[3]．独立変数は自営業へ参入する年である．ここでは，1946年から1975年，1976年から1995年，1996年から2015年の3カテゴリとした．この区分は，専門職比率の上昇の程度（図3-1）と前節で言及した既存研究から筆者が判断して作成した．とりわけ，本章1節で示したように自営専門職は1990年代の後半以降に増加していることが指摘されていることを考慮して，そうした傾向が個人の職業移動においても観察できるのかを捉えるために参

入年をダミー変数として構成した.

コントロール変数としては，次の変数を用いた．出生年コーホート，性別，（自然）対数変換を施した基底時間（自営業ではない状態の継続年数），「建設・製造」・「卸売・小売・飲食」・「サービス業」・「公務・初職1年目」・「その他」のカテゴリからなる参入1年前の事業内容，就業形態に基づき「常時雇用」・「非正規雇用」・「初職1年目」・「その他」からなる参入1年前の雇用形態，企業規模に基づき「30人未満」・「30～299人」・「300人以上」・「公務・初職1年目」からなる参入前の企業規模を用いる．学歴をコントロール変数に加えることも考えられるが，一部の専門職と学歴（あるいは資格）が密接に結びついているために投入することを控えた[4]．

以上の変数のいずれかで欠測したケースをリストワイズで処理したところ，分析対象となる最終的なデータセットの観察数は137,868になった．

2.3 分析方法

自営業の趨勢を記述するために本章では，職業の構造的な側面を捉える静学的アプローチと個人的な職業移動の側面を捉える動学的アプローチを用いる[5]．前者は従業上の地位と職業のクロス表をデータソースとする．クロス表に対して対数線形モデルや対数乗法モデルを適用するアプローチである[6]．1時点における従業上の地位と職業の関係を1つの表に収めるので，静学的アプローチと呼ぶ．

一方，後者はパーソンピリオドデータ，すなわち個人の自営業への参入イベント（打ち切りを含む）を測定したデータを用いる，そのデータに対してイベントヒストリー分析の離散時間ロジットモデルを適用して，職業ごとの自営業への遷移を捉える．この方法は，同一個人内の変化を分析対象とするので，動学的アプローチと呼ぶ．2つの側面から自営専門職を捉えることによって，その長期的な趨勢をよりたしかに見極めることが可能となる．

後者の分析手法はすでに汎用的な方法となっているため（第2章と同

様の方法), ここでは分析者の意図によって柔軟なモデル構築が可能となる前者について説明しておきたい[7].

対数乗法モデルは対数線形モデルの拡張である. 対数乗法モデルでは, 交互作用の効果について, 行のカテゴリに与えられる一元的なスコアと列のカテゴリに与えられるスコアの積に, さらに変数間の関連の強さを示す連関パラメータϕを掛けた項を設定する (三輪 2011b). 本章の分析における行カテゴリは就業形態 (A), 列カテゴリは職業 (B) とし, 両者の交互作用項の効果が調査年 (C) によって異なるかを見極める必要がある. そこで, この三元表を構成する各セルの期待度数を次の式で表すようにモデルを設定する.

$$\text{(式 1)} \quad log_e F_{ijk} = \lambda + \lambda_i^A + \lambda_j^B + \lambda_k^C + \lambda_{ik}^{AC} + \lambda_{jk}^{BC} + \lambda_{ij}^{AB} \times \phi_k^C$$

$$\text{(式 2)} \quad log_e F_{ijk} = \lambda + \lambda_i^A + \lambda_j^B + \lambda_k^C + \lambda_{ik}^{AC} + \lambda_{jk}^{BC} + \lambda_{ij}^{AB} \times \phi(1 + \beta_1 X)$$

式 1 は就業形態と職業の関連が調査年によって異なることを表現している. ただし, 連関のパターンは同じとしたうえで, その強さ (あるいはレベル) のみが調査年によって変動するように設定している (ϕ_k^C). 就業形態と職業の連関を表すλ_{ij}^{AB}に対して層別効果パラメータϕ_k^Cを掛けている点が一般的な対数線形モデルと異なる. ϕ_k^Cの値は, 各調査年における AB の連関の強さを比較するために用いられる. つまり, 対数線形層別効果モデルの場合,「就業形態と職業の連関の相対的パターンはいずれの調査年でも同じだが, 連関の強さは調査年の間で違いがある」というように仮定する. さらに式 2 は就業形態と職業の関連が調査年によって直線的に変化することを仮定するように設定した ($\phi(1 + \beta_1 X)$). 調査年の基準となる年 (本章では 2015 年) をゼロとし, 基準の年における層別効果パラメータを 1 としている.

本章で着目するのは A と B の交互作用項であり, そのパラメータが調査年によって異なるのかを検討する. AB の交互作用項はデザイン行

列によって表現し，調査年 C を考慮する場合と考慮しない場合でのモデル全体の適合度を検討する．C を考慮する場合は 2015 年を基準として 1955 年から線形的に変化するようなモデルを構成する．

　ただし，本章は就業形態と職業の中でも「自営専門職（自営業かつ専門職）」に焦点を当てる必要がある．そのためには上記のモデルをベースとしつつ，就業形態と職業のパラメータをデザイン行列によって特定したうえで検討することが求められる．そこで，参照基準の販売職と比べて専門職の方が常時雇用ではなく自営業になりやすい傾向を取り出すパラメータと同時に，両者の連関が時代によって線形的に異なるか否かを検討するために $\phi_k^C = 1 + \beta_1 X$ の傾きを調査年ごとに異なることを表現するデザイン行列を設定し，そのうえで，専門職以外の連関は時代によって変化しないモデルを構成した[8]．なお，分析にはカテゴリカルデータ分析のためのフリーソフトウェアの LEM を用いた（Vermunt 1997）．

3.　分析結果

　本節では，自営業の職業構成の比率と職業内容についての記述（3.1項）と対数線形モデル・対数乗法層別効果モデルによって自営業の職業構成に関する趨勢を常時雇用と比較しながら分析を行なう（3.2項）．さらに，個人の職業移動における職種別の自営業への参入をイベントヒストリー分析によって捉える（3.3項）．

3.1　職業比率の長期的趨勢

　自営業と常時雇用の職業構成は 1955 年から 2015 年にかけてどのように変化しているのだろうか．時代別に自営業と常時雇用の職業構成を図3-1 に示した．この図を見ると，職業全体に占める専門職の比率は自営業と常時雇用のいずれにおいても 1955 年から 2015 年にかけて上昇する傾向にあることが見て取れる．自営業の専門職比率は 1955 年の 8.1%から 2015 年の 18.8%へと増加している一方，常時雇用の専門職比率は15.2% から 20.7% へと上昇している．すなわち，両者の比率の差は近

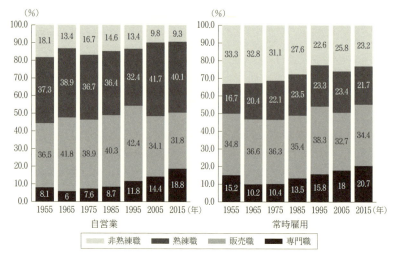

図 3-1　職業構成の趨勢

年になるほど小さくなっていることがわかる．

　自営業の専門職比率をより細かく見ると，1955 年から 1985 年までは 6% から 9% の間で緩やかに増加しているのに対して，1995 年の 11.8% から 2015 年の 18.8% へ 20 年の間に 7% ポイントの増加となっている．この点に着目するかぎり，1995 年以前と以後が自営業の職業構成を捉える 1 つの節目になっていると考えることができる．

　他方，専門職オッズを計算すると（専門職／専門職以外），自営業の専門職オッズは 1955 年の 0.088 から 2015 年の 0.230 へと増加しているのに対して，常時雇用の専門職オッズは 0.179 から 0.261 となっている．つまり，専門職の数は他の職業と比べて少ない傾向は類似しているが，自営業の変化の方が大きいことがわかる．しかし，戦後日本の職業構造は大きく変化しているために，周辺度数を考慮した分析をふまえて検討する必要がある．

　本章では自営専門職に焦点を当てることになるが，自営業全体で見た場合には販売職や熟練職の比率が高い点を強調しておく必要がある．具体的には，2015 年時点において販売職は 31.8% であるのに対して熟練

職は 40.1% である．つまり，自営業のおおよそ 70% はこれらの職種によって占められており，戦後の趨勢で見ると，一貫して高い比率であることがわかる．

つづいて，自営専門職の職業内容の趨勢を具体的に見ておきたい（表3-1）．ここでは調査時点の現職を示しているためサンプルサイズが小さい点に留意が必要である（1955～1975 年調査を含めているので男性のみ）．1955 年と 2015 年の比率を比べると，建築・土木技術者，デザイナー，個人教師，経営コンサルタントとその他の職業比率は増加傾向にある．その他については具体的な職業はわからないが，いくつかの「その他」の内実を確認すると，医療保健系の職業が増えている傾向にある．それに対して，医師，弁護士，宗教家や写真家の比率は減少傾向にあることがわかる．

表 3-1　男性自営専門職の職業小分類

	1955 年	1965 年	1975 年	1985 年	1995 年	2005 年	2015 年
機械・電気・化学技術者	3.3	0.0	0.0	2.8	5.9	1.9	3.8
建築・土木技術者	3.3	4.8	22.6	16.7	17.6	11.3	13.9
情報処理技術者	0.0	0.0	0.0	2.8	0.0	3.8	5.1
医師	10.0	9.5	6.5	5.6	5.9	3.8	1.3
歯科医師	6.7	9.5	9.7	2.8	5.9	7.5	3.8
あん摩	6.7	9.5	9.7	2.8	5.9	11.3	7.6
公認会計士	6.7	0.0	0.0	5.6	7.8	3.8	2.5
宗教家	33.3	19.0	9.7	19.4	15.7	13.2	7.6
デザイナー	0.0	9.5	6.5	2.8	0.0	3.8	6.3
写真家	10.0	4.8	0.0	5.6	2.0	3.8	0.0
個人教師	3.3	4.8	3.2	0.0	5.9	5.7	11.4
経営コンサルタント	0.0	0.0	0.0	0.0	3.9	3.8	6.3
その他	3.3	14.3	16.1	27.8	5.9	7.5	19.0
実数	30	21	31	36	51	53	79

注 1：値は列パーセントを示した．ただし，主な職業を抜き出しているため，値を合計しても 100 にはならない．
注 2：専門職に限定しているためにサンプルサイズが極めて小さい．そのため，比率の変化は参考程度に捉える必要がある．

表 3-2　対数線形・乗法モデルの適合度

	モデル	G^2	df	p-value	BIC
1	飽和モデル	0	0	—	0
2	独立モデル	698.2	45	0.000	279.4
3	均一連関モデル	28.6	18	0.054	−138.9
4	全ての関連が線形変化	28.0	17	0.045	−130.2
5	専門職のみが全時点で相違	19.3	12	0.081	−92.4
6	専門職のみが線形変化	20.1	17	0.271	−138.2

注：表中の記号は次のことを示している．「G^2」は尤度比統計量，「df」
　　は自由度，「p-value」はある大きさの検定統計量を得る確率，
　　「BIC」はベイズ情報量基準である．

3.2　対数線形モデル・対数乗法層別効果モデル

表 3-2 は対数線形モデル・対数乗法層別効果モデルを適用した際のモ
デル適合度である．まず各モデルを説明しておきたい．モデル 1 は就業
形態・職業・調査年のすべてに連関があると設定した「飽和モデル」，
モデル 2 は 3 つの変数を無連関と想定する「独立モデル」，モデル 3 は
就業形態と職業，就業形態と調査年，職業と調査年がそれぞれ連関する
という「均一連関モデル」を示している．

モデル 4 から 6 は 2.3 項で示した対数乗法層別効果モデルのバリエー
ションである．モデル 4 は就業形態と職業の関連がすべて線形的に変化
することを認めるモデル，モデル 5 は専門職のみが全地点で異なること
を表現するモデル，モデル 6 は専門職のみが線形的に変化することを認
めるモデルである．

次に，最適なモデルを選択する 1 つの基準である BIC に着目する．
ここでは「BIC の値が小さいほど相対的に適合している」という情報
量基準に依拠すれば，モデル 3，モデル 4，モデル 6 が相対的に小さな
値を示していることがわかる．モデル 4 とモデル 6 は同じ自由度である
ので BIC が小さいモデル 6 の方が当てはまりが良いと判断する．そし
て，モデル 3 とモデル 6 について対数尤度比検定をしたところ，モデル
6 はモデル 3 を有意に改善していることがわかった（G^2=8.5, df=
1,p-value=0.003）．以上より，専門職のみが線形的に変化することを仮
定するモデル 6 が最適だと判断できる．

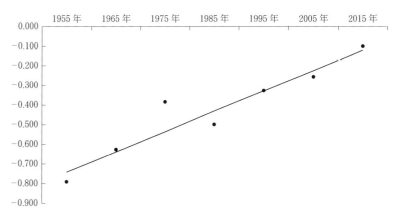

図 3-2　層別効果パラメータの趨勢

　では，どのような趨勢と判断するのが良いのだろうか．図 3-2 は層別効果パラメータの趨勢を示した．具体的には，層別効果パラメータを各調査年で求め，直線の傾きはモデル 6 に基づいている．他方，黒点はモデル 5 から得られる値を示している．この値がゼロに近くなるほど，専門職と販売職の比が常時雇用と自営業の間でその差が小さくなっていることを意味する．

　この図 3-2 を見ると，パラメータ ϕ の値は 1955 年から 2015 年にかけて線形的に上昇していくことがわかる．すなわち，かつては販売職を基準とした際の専門職と就業形態との結びつきは常時雇用において顕著であった．しかし，その傾向は近年になるほど弱まっている．逆にいえば，自営業と専門職の連関は 1955 年時点では弱かったがしだいに強まっていると判断することができる．

3.3　イベントヒストリー分析

　前項における対数乗法層別効果モデルの結果によって，自営業と専門職の関連は 1955 年から 2015 年にかけて次第に強まっていることが明らかになった．その分析結果が妥当なものであるのかをもう一方の視点である動学的アプローチ——イベントヒストリー分析——によっても裏付けられるのかを検討する．すなわち，個人の世代内移動において，自営

表 3-3　自営業への参入に関する離散時間ロジットモデルによる推定結果

	自営 B		自営 W		自営専門	
	係数	標準誤差	係数	標準誤差	係数	標準誤差
切片	−6.745 ***	0.317	−6.088 ***	0.284	−8.082 ***	0.590
基底時間（自然対数）	0.067	0.088	−0.106	0.081	−0.671 ***	0.141
参入年（基準：1946-75 年）						
1976-95 年	−0.960 ***	0.151	−0.272 †	0.148	0.879 **	0.310
1996-15 年	−1.462 ***	0.228	−0.596 **	0.217	1.498 ***	0.395
出生年コーホート（基準：1935-45 年）						
1946-55 年	0.013	0.114	0.025	0.118	0.903 **	0.283
1956-65 年	0.269	0.176	0.103	0.167	0.240	0.355
1966-75 年	0.271	0.221	−0.197	0.215	0.131	0.388
1976-95 年	0.194	0.342	−0.455	0.338	−0.542	0.516
性別（基準：女性）						
男性	0.963 ***	0.108	0.141	0.099	0.709 ***	0.189
参入 1 年前の事業内容（基準：建設・製造）						
卸売・小売・飲食	−0.110	0.154	1.072 ***	0.136	0.339	0.472
サービス業	0.088	0.147	−0.064	0.180	1.704 ***	0.355
公務・初職 1 年目	−1.401	1.065	1.409 ***	0.356	1.642 *	0.684
その他	−1.228 ***	0.230	−0.071	0.179	1.737 ***	0.359
参入 1 年前の雇用形態（基準：非正規雇用）						
常時雇用	0.156	0.194	0.180	0.164	−0.768 **	0.275
初職 1 年目	5.060 ***	1.070	1.200 ***	0.348	0.105	0.646
その他	−0.161	0.321	−0.211	0.261	−1.425 **	0.499
参入 1 年前の企業規模（基準：300 人以上）						
30 人未満	1.553 ***	0.169	0.694 ***	0.150	0.539 †	0.296
30-299 人	0.672 ***	0.189	0.391 *	0.158	0.246	0.308
官公庁・初職 1 年目	−1.474 *	0.636	−1.001 **	0.345	−0.538	0.445
観察数			137,868			
対数尤度			−6,931.50			
イベント数	491		479		133	

注 1：*** : $p < 0.001$, ** : $p < 0.01$, * : $p < 0.05$, † : $p < 0.1$

注 2：1986-95 年生まれコーホートの観察は少ないため，1976-85 年生まれコーホートに統合した.

注 3：公務・官公庁と初職 1 年目を統合したのはランダムではない欠測によるバイアスの回避及び共線性をキャンセルするためである．そのため，このカテゴリの解釈は積極的には行わない.

第 3 章　自営業の職業構成の趨勢——職業構造の変動を考慮して

専門職への参入は近年になるほど生じやすくなっているのか，その傾向
は他の職種の自営業への参入とは異なっているのかを捉える．

　本項の分析対象のデータセットは 2005 年と 2015 年の SSM 調査の職
業経歴データを統合してパーソンピリオドデータを作成し，イベントが
離散的な時間単位ごと（本章の場合は基本的に 1 年単位）に発生すると仮
定する離散時間ロジットモデルによる分析を行なう．分析対象のリスク
セット（自営業への参入というイベントが生じる可能性のある個体の集合）
は被雇用者（常時雇用，パート・アルバイト，派遣社員，臨時雇用など）と
する．職業ごとの自営業への参入のハザード率を従属変数とする離散時
間ロジットモデルによる推定結果を表 3-3 に示した．参入のトレンドを
析出することに分析関心があるために，必要最小限の変数のみを含めて
いる [10]．

　自営業への参入年の係数を確認すると，前節と類似する傾向を示す結
果となっていることがわかる．すなわち，1975 年以前を基準とすると，
自営専門職への参入は近年になるほど生じやすくなってきていることが
わかる．より具体的には，1976-95 年ではおよそ 2.4 倍（＝exp(0.879)），
1996-2015 年ではおよそ 4.5 倍（＝exp(1.498)）である．その結果とは対
照的に，自営 B と自営 W への参入は近年になるほど生じにくくなって
いることを確認できる．前者の 1976-95 年では 0.4 倍（＝exp(-0.960)），
1996-2015 年では 0.2 倍（＝exp(-1.462)）である．後者では，それぞれ
0.8 倍（＝exp(-0.272)），0.6 倍（＝exp(-0.596)）である．すなわち，自
営専門職と自営 B／W への参入のしやすさは逆の傾向を示しており，
自営業への参入は近年になるほど専門職としての参入が生じやすくなっ
ていることが明瞭に示された．つまり，前節の分析結果と合わせると，
日本の自営業は専門職との結びつきが強まっていることに加えて，専門
職としての参入が近年になるほど生じやすくなっているという意味にお
いて，自営業の職業構成が専門職へと移行していると判断することがで
きる．

91

4. 専門職化する自営業

本章は，戦後日本における自営業の職業構成の趨勢を全国調査データによって明らかにすることを試みた．とりわけ，自営業と専門職の関連は常時雇用と比較したうえでも，その結びつきが強まっているのか，自営専門職への参入は近年になるほど生じやすくなっているのかを検討した．1955年から2015年の社会階層と社会移動全国調査を統合したデータを用いて分析した結果，次の2点が明らかとなった．第1に，自営業と専門職の結びつきの強さは職業構造の変容を考慮したとしても1955年から2015年にかけて線形的に強まっていることが示された．第2に，自営専門職への参入は1975年以前に比べると近年になるほど生じやすいことが明らかとなった．それに対して，自営ホワイトカラー（販売職と事務職）と自営ブルーカラー（熟練職と非熟練職）への参入は生じにくい傾向にあることがわかった．以上，労働市場の構造的な側面と個人の職業移動の側面からの分析によって，自営業の職業構成は専門職へと変容しつつあると結論づけることができる．いわば，「自営業の専門職化」という現象である．

ただし，たとえ自営業が専門職化しているとしても，2015年時点では販売職や熟練職の存在が依然として大きいことは強調しておきたい（図3-1）．いいかえると，専門職への移行は初期段階であるということである．本章では，自営専門職の趨勢を捉えることに主眼を置いてきたが，自営ホワイトカラーや自営ブルーカラーという「変容していない層」が今なお日本の自営業を捉える際には欠かせないことを意味しているのである．

そのような限界はあるものの，本章の知見と意義は以下の点である．第1に，日本においても自営業と専門職の関連が強くなるという傾向が観察されたことによって，諸外国で見られた自営業の専門職化という経験的知見を広げることができた．第2に，その傾向は，個人の職業移動における自営専門職への参入が近年になるほど顕著であることによって

も裏付けることができた．このことは，既存研究で示されてきた販売職と熟練職の自営業への参入に加えて専門職としての参入がますます重要となる可能性を提示した．

第3に，自営業の職業構成が専門職へシフトしているという知見は，「到達階層としての自営業」としては等閑視されてきた自営専門職を考慮する必要性を示すことができた．とりわけ，日本の社会階層論における職業的キャリアとしては（世代内移動），管理職とともに自営ホワイトカラーと自営ブルーカラーへの流れが主要なものとして位置づけられてきた（原・盛山 1999）．他方，父親と本人の職業的な結びつきを捉えた研究においては（世代間移動），自営業を含めた職業移動の構造は時代によって大きく変化していないことが示されてきた（石田・三輪 2009；Ishida 2018）．そのような研究知見に対して，これからの自営業を捉える際には自営専門職の存在を考慮する必要があるという方向性を提示したことが本章の貢献である．しかし，以上の結果だけでは自営専門職の趨勢について十分に考察できていない問題がある．なぜ常時雇用に比べて自営業は専門職化が顕著になっているのだろうか，という点である．

この点を考えるためには自営専門職に至るプロセスを考慮する必要がある．第1に，自営専門職への参入は被雇用での勤続年数が長くなるほど参入しにくくなる点は注目に値する（表3-3：基底時間変数の係数が統計的に有意な負の値）．一般的に専門職に到達するためには他の職業に比べると技能の蓄積が必要とされる．そのため，自営専門職に至る以前の職業経歴を生かしているならば，この係数の値は正になるはずである．ところが，逆の結果を示していることをふまえると，被雇用における経験を生かして参入しているわけでは必ずしもないと考えられる．

その点と関連して第2に，小規模での企業経験が自営専門職への参入に対する影響は限定的であることである（表3-3：参入1年前の企業規模変数の30人未満の係数の値）．従来の研究では，規模の小さな企業で勤めることは自営業に必要なスキルを身につけるうえで非常に重要な役割を果たしていることが示されてきた（Ishida 2004）．事実，自営ホワイトカラーと自営ブルーカラーへの参入に対する小規模企業での就業経験の

効果は本章の分析においても顕著に示されている．しかし，自営専門職への参入に対しては10％水準で統計的に有意な正の値であるものの，その効果は他の職種に比べると限定的であるといえる．これらの２つの点から敷衍するならば，自営専門職への参入はそれ以前の職業経験を十分に生かしているわけではない可能性が考えられる．むろん，雇用専門職への参入を捉えることは本章の問題設定をこえることではあるが，雇用専門職に比べると自営専門職は参入障壁が低いことが考えられる．いいかえると，参入障壁の相対的な低さによって，常時雇用よりも自営業において専門職化が顕著であることが考えられる．いわば，専門的な技能の長期的な蓄積を必ずしも前提としない専門職への参入が自営業において生じている可能性である．仮にそうだとすれば，専門職の中でもどのような職業なのかが次の問題となる．

　その問題を検討する１つの視点としては，資格系の専門職（国家資格の取得を前提とする職種）と学位系の専門職（大学や大学院で高等教育を受けた職種）を分けて傾向を捉えることが考えられる．自営業者の学歴が高学歴化していることはすでに指摘されているが（鄭 2002），学歴を生かして自営専門職へ参入しているか否かは厳密に検討する必要がある．たとえば，学歴ごとに自営専門職を経験する人びとの職歴全体を記述し，そのパターンを特定することである．本章のデータでは，専門職の職種を分けて参入を捉えるほどイベント数を確保することができなかったために十分な検討はできていないが，学歴の影響は自営専門職の趨勢を捉えるためには必要だと考えられる[11]．

　他方，たとえば学位系の職種としては（表3-1），機械・電気・化学技術者，情報処理技術者，経営コンサルタントなどである．ただし，学位系であっても資格を有するケースもあるので厳密に区分することは難しい．さらに，近年，増加傾向にあるのは「その他」の職業である．この内実は「その他専門的職業従事者」や「その他の医療保健技術者」などであるが，大規模調査データによってそれらの職業を特定するには限界がある．とはいえ，これらの職業への参入が労働市場の需要に応じる形で生じていることを類推することはできる．

しかし，この解釈では自営業の専門職化を説明するには十分ではない．さらに解釈するためには，個人の職業経歴全体の中で専門職への参入と退出がどのような形で生じているのか，という視点から捉えることが1つの切り口として考えられる．専門職は他の職業に比べると技能の蓄積を前提とするため，個人の長期的な職業生活を視野に入れた分析枠組みは有用であるだろう．たとえば，人生の中で自営専門職を経験する人だけを抽出し，その職歴パターンを類型化することである．そして，その職歴パターンが自営ホワイトカラーと自営ブルーカラーとはどこが類似しているのか（あるいは相違しているのか）を捉えることである．さらには，雇用専門職を経験する人の職歴パターンとの比較を行なうことによって，自営専門職に特有の職業経歴を描くことができるかもしれない．

次章では，これらの研究課題に対して職歴データを最大限に活用してアプローチしてみたい．その検討によって，自営専門職に求められている専門的な技能がどのようなものであるのかについて理解を深めることが可能であるだろう．そして，その試みは知識経済がますます進行すると考えられる未来において人びとがたどる職業生活の一部を捉える手がかりとなるかもしれないのである．

注

1) 本章における「専門職」は専門的職業と技術的職業を統合している．その妥当性はサンプルサイズの問題から十分に検討できていない．そのため，専門職を対象とする研究領域と概念定義において相違がある点に留意が必要である（e.g. 竹内 1971）．

2) ハザード率とは，「時点 t_i より前にイベントが発生しなかったという条件のもとで，時点 t_i にイベントが発生する確率」である（三輪・林編 2014: 233-234）．

3) 3カテゴリとしたのは各カテゴリのイベント数が少なくなることによる推定の不安定性を避けるためである．自営ホワイトカラーと自営ブルーカラーの区分は既存研究の分類に従った（原・盛山 1999）．ただし，事務職と販売職を統合することは荒いカテゴリのために再検討の余地が残されている．

4) 3.3項の分析には学歴（あるいは教育年数）を加えた分析を行ったが，本章が着目している参入年の効果には大きな相違は見られなかった．

5) このアプローチの方法は日本における学歴同類婚の趨勢を検討した研究を下敷きにしている（三輪 2007）.
6) 対数線形モデルの概要は，太郎丸（2005）を参照されたい．対数乗法モデルは，グッドマンの RC model あるいは Row and Column effect model Ⅱと呼ばれることもある（Goodman 1979, 1981）.
7) 本章と類似した対数乗法モデルを応用した研究には Xie（1992），石田・三輪（2009）や三輪（2011b）などがある.
8) デザイン行列については紙幅の都合により割愛するが，最終的に採用したモデルは次のように構成している．販売職を参照基準とした場合の専門職のパラメータは 1955 年から 2015 年にかけて線形的に変化するように設定し，熟練職と非熟練職のパラメータは時代によって変化しないように設定した．ソフトウェアのコードは LEM マニュアルを参照した（Vermunt 1997）.
9) 各調査時点における自営業と常時雇用のサンプルサイズは付表 3-1 の通りである.

付表 3-1

	1955 年	1965 年	1975 年	1985 年	1995 年	2005 年	2015 年
常時雇用	652	1,033	1,428	1,308	1,304	1,139	1,428
自営業	370	352	406	412	432	369	380

10) 他の統制変数（たとえば，父親の職業，失業率や GDPpc など）を加えたとしても結果にはほとんど影響はなかった．また，性別ごとに分析をしても同様の結果が得られている.
11) 表 3-3 の分析モデルに学歴（大卒・非大卒）を投入して分析すると，非大卒に比べて大卒であることの影響は大きいことが示された．ただし，学歴を投入すると他の変数の影響が異なるものがあり，それは学歴と特定の職種が強く結びついているため，推定が不安定になっている恐れがある．そのため，本章では学歴を投入しないモデルで議論を進めた．なお，参入年の効果は類似の傾向であった.

第4章

自営専門職の職業経歴
──職歴パターンとその条件の探索

　本章では専門的・技術的職業を経験する自営業者の職業経歴は他の職種の自営業者や雇用者の専門職の職業経歴と比べてどのような特徴を持っているのか，職歴にパターンがあるとすればそれはどのように規定されているのかを，SSM調査データを用いて明らかにする．分析の結果，自営専門職の職業経歴は5つの職歴パターン（多様型，非正規経験型，ホワイト経験型，専門経験型，専門一貫型）に大別できることがわかった．さらに，そのパターンは性別により大きく異なっていることに加えて，父親が自営業であるか否かと本人が大卒であるかどうかという条件との組合せが重要であることが示された．これらの結果は，自営専門職は世代間の結びつきが強いパターンと弱いパターンが存在することと同時に，相対的に高い学歴をもつ者ともたない者が混在していることを意味する．つまり，自営専門職を経験する人びとの職業経歴は自営ホワイトカラー，自営ブルーカラーや雇用専門職に比べると複線的なルートになっている可能性を示唆している．

1.　問題の所在──自営専門職を経験する人びとの職業経歴の特徴は何か

　前章の検討によって自営業の職業構成が徐々に専門的・技術的職業へと移行していることが明らかとなった．それは各調査時点における就業形態と職業の関係を捉えた検討と同一個人内の職業移動を捉えた分析から示された．これらの分析では自営専門職をある一時点の状態ないし自営専門職への移動が生じる点を捉えることはできたが，自営専門職を経験する人びとがどのような職業経歴をたどっているのか，という研究課

題は残されている.

　さらにいえば，大規模な社会調査データによって捉えることができる
自営専門職の存在はサンプルサイズの点からすると限定的である．その
ため，第2章と第3章で試みたような多変量解析によって自営専門職に
アプローチすることにはおのずと限界がある．むろん，専門職に限らず
に自営業のサンプル数が少ないという問題は計量分析を行なうかぎり常
につきまとうものであるが，その問題はときに強みにもなりうる．すな
わち，計量的な手法を用いつつも，事例研究のように捉える道が開かれ
るのである．とりわけ，自営専門職という萌芽的な対象を捉えるには，
数少ないサンプル全てを取り出して，その職業経歴をつぶさに調べるこ
とが研究の出発点として必要であるだろう.

　むろん，本章と同様にSSM調査の職業経歴データを用いて自営業の
移動（主に参入と退出）を捉える研究は多くの蓄積がなされている（e.g.
白倉・岩本 1990；金 1998；鄭 1998a, 1998b, 2002；Ishida 2004；西村
2008；竹ノ下 2011a；平尾 2018）．ただし，自営専門職への／からの移動
を直接的に分析した知見は1995年のSSM調査を用いた研究にとどま
っている（Ishida 2004）．その研究によれば，自営専門職への参入は男
性であることや参入前の専門職の経験によって生じやすいことが示され
ている一方で，自営業からの退出と専門職は関連が見られないことが明
らかとなっている．また，父親が専門職であることや自営業者であるこ
とによって本人が自営専門職へ参入しやすいことが示されている．さら
に，本人の学歴の高さも参入を促すという興味深い結果が明らかとなっ
ている（Ishida 2004: 370–371）．しかし，分析対象となるイベント数が
少ないことに加えて，分析で捉えた自営専門職への参入のイベントの多
くは，データの制約から1990年以前に生じたものであると考えられる.
加えて，人びとの職業生活において自営専門職という経験がいつどのよ
うな形で生じているのか，あるいは自営専門職を経たあとにどのような
職歴をたどっているのかという点について答えた研究は管見のかぎり存
在していない.

　そこで本章では，自営専門職を経験する人びとがどのような職業経歴

をたどっているのかを 2005 年と 2015 年の SSM 調査を用いて明らかにする．具体的には，自営専門職の職業経歴にパターンがあるとすればそれはどのようなものなのか，そしてそのパターンを左右する条件は何かを検討する．その際，前章と同様に自営ホワイトカラー（自営 W）と自営ブルーカラー（自営 B）の職歴とを比較することに加えて，雇用専門職の職歴とも比較することによって，自営専門職の職業経歴の特殊性と一般性を明らかにすることを試みる．

2. 方法

2.1 データと変数

分析に使用するデータは，2005 年と 2015 年の SSM 調査を合併したデータである．分析では男女を含む職業経歴データからパーソンイヤーデータを再構成し，15 歳から 70 歳時点の職業情報を用いた．

分析に用いる変数は従業上の地位，企業規模と職業から構成する SSM 総合 8 分類を一部修正して次のように作成した[1]．具体的には，自営業は従業上の地位が「自営業主・自由業者」であるケース，もしくは従業上の地位が「経営者・役員」で企業規模が「30 人未満」であるケースとした．他方，職業は職種によって専門職，管理職・事務職・販売職はホワイトカラー，熟練職・半熟練職・非熟練職をブルーカラーとして，企業規模が 300 人未満を中小企業，300 人以上を大企業として区分した．すなわち，大企業ホワイトカラー，中小企業ホワイトカラー，大企業ブルーカラー，中小企業ブルーカラー，自営専門職，自営ホワイトカラ，自営ブルーカラー，農業である[2]．さらに，3.3 項以降の分析では，非正規雇用と非該当（無職や当該年齢に達していない者など）のカテゴリを別途作成した．学歴は，大学・大学院卒を統合して「大卒」，それ以外を「非大卒」とした．父親の職業（主な職業）は職種にかかわらず自営業である場合を「自営業」とし，それ以外の場合を「非自営業」とした．

また，自営専門職（あるいは雇用専門職）のデータセットを作成する

に際しては，各人の職歴において一度でも自営専門職（あるいは雇用専門職）を経験したことがあるサンプルを抽出している[3]．抽出した結果，分析に用いたサンプルサイズは自営専門職が295，雇用専門職が2,192である．

2.2　分析方法

本章では，自営専門職と雇用専門職の職業経歴を記述するために，RPD指標，系列分析の中でも最適マッチング分析（Optimal Matching）およびブール代数分析（集合間の関係を記述する方法）などを用いる．各手法の詳細についてはすでに研究が蓄積されているため，ここでは本章が着目する職歴データを捉えるために主に用いるRPD指標と系列分析を中心に述べる[4]．

RPD指標とは，発生割合（Rate）・構成比率（Probability）・継続期間（Duration）の頭文字をとったものである．この指標は系列データ（本章でいえば職歴データ）においてあるイベントの発生状況を記述するに際して，3つの指標を用いることによって系列全体の特徴を一変量分布として集計することができる（Bakeman and Gottman 1997; 保田 2008, 2018）．本章では保田（2008）に準じて指標を算出している．詳細は保田論文に記載があるために割愛するが，以下では各指標の概念定義のみを示しておきたい（保田 2008: 7-9）．

発生割合（Rate）とは，調査の回答者があるイベントに観察期間の中でどのくらい就いていたのかをカウントするものである．たとえば，1年あたりの発生割合で考えるならば，40年間の職歴の中で自営専門職に4回就いた回答者は，発生割合が4／40＝0.1回／年となる．構成比率（Probability）とは，「全観察期間に占める，そのイベントが発生していた期間が占める割合」である（保田 2008: 8）．たとえば，ある回答者が「常時雇用3年→無職1年→農業3年→常時雇用3年」と移動していれば，常時雇用の構成比率は（3＋3）／（3＋1＋3＋3）＝0.6（60％）となる[5]．最後に，継続期間（Duration）は，「当該のイベントが1回あたり平均どれだけ持続したのか」を表す（保田 2008: 8）．先ほどの例でい

えば，常時雇用の継続期間は (3+3)／2 ＝3年／回となる．以下では簡略のために，3つの指標の頭文字を用いて RPD 指標と呼ぶことにする．

　RPD 指標は互いに関連しあっており，ある回答者が職業経歴全体の中で自営専門職になった回数を C，自営専門職であった年数を Y，職歴全体の観察年数を T と表すならば，3つの指標は次のように算出される．

　　発生割合＝C/T，構成比率＝Y/T，継続期間＝Y/C

次節で用いた RPD 指標はこの方法で算出し，実際の計算に際しては保田（2008: 18）の一部を修正して用いた [6]．

　他方，本章では，ある状態の連鎖からなる系列・配列（sequence）全体の情報を用いて系列・配列の類似性を数値化する系列分析（sequence analysis）を用いる（Blanchard et al. 2014; Cornwell 2015）[7]．また，職業経歴の類型を抽出するに際して，最適マッチング分析（Optimal Matching，以下 OM 分析と表記）を用いる．OM 分析は 1990 年代頃から社会科学の研究に応用されており（e.g. Abbot and Tsay 2000），系列全体の特徴を捉える計量的な分析手法である．そして OM 分析を職歴の分析に応用した研究もすでになされており（e.g. Fasang 2010; Aisenbrey and Fasang 2017; 渡邊 2004, 2017, 2018），1つの方法として定着してきたといえる．

　OM 分析の目的は各系列間の距離行列を求めたうえで，系列のパターンの探求，そのパターンに影響を与える独立変数を特定することにある（渡邊 2004: 215-217）．そして距離行列を導出する基本的なアイデアは，2つの系列があるとき，一方の系列をもう一方とまったく同じ系列にするには，どのように変化させるかを探るものである（渡邊 2004: 217）．変化にはコストがかかるものと考えて，そのコストを最小化する手続きを踏む．ただし，このコスト設定については方法論的な議論がなされているので慎重な検討が必要である（e.g. Abbot 2000; Wu 2000; Lesnard 2010）．また近年では OM 分析の発展系である Dynamic Hamming Distance も開発されている（Lesnard 2010）．この方法は置換しか生じない距離（ハミング距離）を算出するものであるが，本章が対象

とする自営専門職の職業経歴は系列の長さがサンプルによって異なっているため，置換に加えて挿入／削除の両方が生じる距離（レーベンシュタイン距離）を求めることを優先する（系列の長さ自体に意味があると考えているため）．その距離行列を対象としてクラスター分析によってパターンを抽出する．

本章では職業カテゴリ間のコストは一定であるものとした．むろん，職業間の移動には異なるコストが掛かることは容易に想像できるが，そのコストをいくつにするかは恣意的な判断となる．本章は初歩的な分析であるために複雑なコストを設定することを避けて対角行列を 0，挿入を 1，それ以外 2 とした（Gabadinho et al.2011）[8]．

3. 分析結果

本節では上述した方法を用いて，自営専門職を経験する人びとの職業経歴を自営 W，自営 B および雇用専門職の職業経歴との比較を通して記述していく．具体的にはまず RPD 指標によって職業経歴全体を概観したうえで（3.1 項），系列分析によって職歴パターンを示す（3.2 項）．最後に職歴パターンを規定する条件を探る（3.3 項）．

3.1 RPD 指標（発生割合・構成比率・継続期間）による職業経歴の記述

それでは系列データの基本的な分布を発生割合・構成比率・継続期間（RPD）の指標から概観しておきたい（表 4-1 と図 4-1）．前節で述べた職業カテゴリについて RPD 指標の平均値と標準偏差を算出しまとめたものが表 4-1 である．本章が着目している自営専門職，自営 W，自営 B および雇用専門職が他のカテゴリと比べてどのような特徴があるのかを確認しておきたい．

自営専門職と雇用専門職の発生割合はそれぞれ 0.036 と 0.048 である．それらの値は他の職業カテゴリに比べると最も小さな値であり，ポピュラーな職歴ではないことがわかる．たとえば，中小企業ホワイトカラー

第4章　自営専門職の職業経歴——職歴パターンとその条件の探索

表 4-1　総合職業分類についての RPD 指標の要約統計量（平均値・標準偏差）

	発生割合 Mean	S.D	構成比率 Mean	S.D	継続期間 Mean	S.D	
雇用専門職	0.048	0.026	0.096	0.231	12.8	11.1	n=2355
大企業ホワイトカラー	0.668	0.033	0.140	0.261	11.3	11.2	n=3950
中小企業ホワイトカラー	0.900	0.040	0.165	0.266	9.1	9.1	n=4816
大企業ブルーカラー	0.336	0.025	0.078	0.210	11.5	11.6	n=2177
中小企業ブルーカラー	0.796	0.039	0.191	0.307	12.0	12.1	n=4556
自営専門職	0.036	0.007	0.009	0.071	10.7	9.7	n=261
自営ホワイトカラー	0.072	0.009	0.027	0.127	13.8	12.0	n=632
自営ブルーカラー	0.076	0.009	0.030	0.136	16.8	13.9	n=688
農業	0.052	0.009	0.018	0.109	14.1	15.5	n=452

注1：データは2005年と2015年SSM調査を統合したものである．
注2：15〜70歳時の職歴について，発生割合・構成比率・継続期間の分布を示している（n=13526）．
注3：1年あたりの発生割合は値が小さく読み取りにくいため，40倍して40年の職歴における平均発生回数に換算した．
注4：継続期間は当該の総合職業分類になったことがある回答者のみから算出されるので，別途分析ケース数を示した．

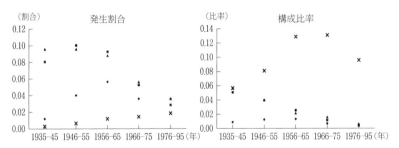

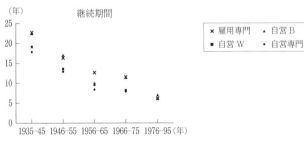

注1：15〜70歳時の職歴について，自営業（専門・ホワイト・ブルー）の発生割合（40年あたりの回数）・構成比率・継続期間の平均値を，職種・出生年コーホート別に示した．
注2：継続期間については，各自営業に一度でも就いたことがある回答者だけを集計対象とした．自営専門（n=261），自営W（n=632），自営B（n=688），雇用専門（2,355）である．

図 4-1　出生年コーホート別の RPD 指標の比較（平均値）

の 0.900 や中小企業ブルーカラーの 0.796 と比べると，自営専門職と雇用専門職は頻繁には生じない珍しい部類に入る．また，自営専門職の発生割合は自営 W と自営 B のおおよそ半分程度となっており，同じ自営業というカテゴリの中でも生じにくいことがわかる．

つづいて構成比率を見ると，自営専門職は 0.009 であり雇用専門職は 0.096 となっている．前者は自営 W や自営 B と比べても小さな値となっており，自営専門職が発生していた期間が占める割合は極めて小さいことがわかる．最も高い値の部類である中小企業ブルーカラー（0.191），中小企業ホワイトカラー（0.165）や大企業ホワイトカラー（0.140）と比べると，自営専門職の構成比率の低さが際立っていることがわかる．

最後に継続期間を確認すると，自営専門職が 10.7 年であり，雇用専門職が 12.8 年である．標準偏差は雇用専門職の方が大きな値となっているが（11.1），自営専門職は中小企業ホワイトカラーに次いで小さな値となっていることが確認できる（9.7）．自営専門職の継続期間を自営 W（13.8 年）と自営 B（16.8 年）と比べると，低い値となっている．つまり，自営専門職の継続期間が短いことがわかる．ただし，自営 W と自営 B の標準偏差は大きくなっている点に留意が必要である．また，自営専門職は他の自営業と比べると参入するまでに要する時間が長いために継続期間が短くなっているのかもしれない．ただし，この表 4-1 のみでは年齢を考慮していないために直接的な比較は難しい．

以上，RPD 指標の要約統計量から見た自営専門職は他の職業カテゴリと比べると生じにくく，しかもその継続期間が短いことがわかる．ただし，職歴全体の情報（15 歳から 70 歳）を用いているために，出生年コーホートによる違いや各年齢時点における状態がどのようになっているのかはわからない．そこで，同様の指標を用いつつ，もう一歩掘り下げる記述を試みる．すなわち，RPD 指標が出生年コーホート間でどのように異なっているのか，そして年齢ごとに構成比率がどのように推移していくのか，さらにその推移の仕方がコーホート間で違っているのか，という記述である．

図 4-1 は自営専門職，雇用専門職，自営 W と自営 B に着目して，出

生年コーホート別に RPD 指標を算出し，それらの平均値をプロットしたものである．この図は，自営専門職（あるいは雇用専門職など）に就くことが出生年によってどのような変化があったのかを表している．ただし，継続期間を確認する際には職歴の長さが異なる点に留意が必要であり，その点については，**3.3** 項で検討する．ここでは大まかな状況を確認しておきたい．

まず発生割合を見ると，1935 年生から 1965 年生コーホートでは，自営 W と自営 B の値が自営専門職と雇用専門職に比べて高い値となっていることがわかる．そして，1965 年生以降のコーホートではその差が徐々に小さくなっていることがわかる．自営専門職の値に着目して見ると，その値は 1935–45 年生コーホートから徐々に高くなるが，そのあとはやや低くなり，他の職業カテゴリと類似した値となっていることがわかる．逆にいえば，若いコーホートであるほど，自営専門職は珍しいイベントではなくなりつつあることを意味している．また，自営専門職の値はわずかではあるが，雇用専門職に比べると常に高い値（発生しやすい）となっていることがわかる．

構成比率を見ると，自営業と雇用専門職で異なるトレンドを示していることがわかる．すなわち，いずれの自営業であっても，構成比率は低くなる傾向にあるが，雇用専門職は相対的に高い値へと変化していることがわかる．一方，継続期間については，職業カテゴリ間の違いは相対的に小さいといえる．継続期間における出生年コーホート間の違いは職歴の長さが影響していると思われるので，コーホート内での比較が望ましい．コーホート内の詳細を見ると，雇用専門職と自営 B がそれ以外と比べると長い経歴となっていることがわかる．ただし，その差は 1976–95 年生コーホートではとても小さいことがわかる．

つづいて，職歴データの分析でもっとも単純で着目しやすい構成比率に焦点を絞って，年齢ごとに構成比率がどのように推移していくのか，その推移の仕方がコーホート間でどのように異なるのかを示す（保田 2018: 100）．つまり，この記述によって間接的に世代内移動の様子をコーホートごとに捉えることができる（保田 2008: 13–14）．年齢の区分は

10 歳刻みで 15 歳から 54 歳とした．もちろん，55 歳以上の値を算出することはできるが，該当するコーホートが限定されるためにこの年齢幅とした．しかし，個々人の職業キャリアで変動の大きい初期からおおむね安定する 50 歳半ばでの変化を大雑把に捉えることは可能である．

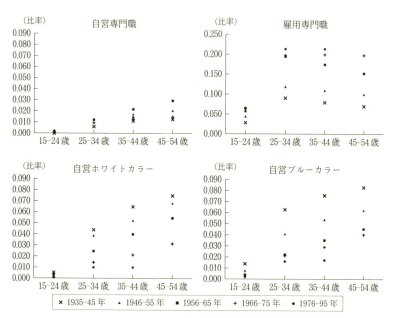

注1：雇用専門職の縦軸の値は自営専門職，自営ホワイトカラー，自営ブルーカラーとは値の大きさを考慮して異なっている．
注2：1986–95 年生まれはサンプルサイズが小さいために 1976–95 年に統合した．

図 4-2　15 歳〜54 歳での構成比率（男女，出生年コーホート別）

図 4-2 を見ると，自営専門職の構成比率はいずれのコーホートおよび年齢においても値が小さいことがわかる．わずかではあるが，年齢とともに値が上昇する様子を読み取ることができるが，全観察期間に占める自営専門職の期間が近年のコーホートになるほど目立って長くなっているとはいえない．むしろ，自営 W や自営 B において顕著な変化が生じている．たとえば，自営 W を見ると，構成比率の値は 1965 年以前生まれのコーホートでは 25 歳から 54 歳にかけて上昇しているのに対して，1966 年以降生まれのコーホートではそのような上昇は限定的である．

つまり，前者のコーホートでは年齢とともに自営 W へと移動が生じていたが，後者のコーホートではそのような移動が生じにくくなっていると理解することができる．そのような傾向は自営 B においても同様に生じていることがわかる．さらに細かく見ると，1976-95 年生まれでは自営 W と自営 B のいずれにおいても 25 歳から 44 歳にかけて値の変化はほとんど見られない．すなわち，従来ではこの年齢層において自営業への移動が生じていたが，そのような自営業へ到達するルートが若いコーホートでは自営 W と自営 B において閉じつつあることを示唆している．

　他方，雇用専門職では 1955 年以前生まれのコーホートとそれ以降で異なる傾向を示していることがわかる．具体的には，値が 25 歳から 34 歳の間で上昇するという傾向は類似しているが，その値は 1935-55 年生まれコーホートではそれ以降のコーホートに比べると 0.1 付近にとどまっていることがわかる．そして，年齢が進んだとしてもそれらの値に変化は見られない．

　以上を簡単にまとめると，自営専門職は自営 W と自営 B に比べると近年のコーホートになるほど生じにくくなっている傾向は見られない．ただし，雇用専門職ほど専門職の期間が伸びているわけではないことがわかった．いいかえると，自営専門職の特徴を RPD 指標のみで理解することには限界がある．そこで，次節以降では自営専門職を経験する人びとの職業経歴を取り上げて直接的に検討する．その際，自営専門職の職業経歴は少なくとも自営 W と自営 B とは異なる職業経歴の変化となっていることがわかったために，比較対象として雇用専門職に限定する．

3.2　自営専門職と雇用専門職の基本属性

　3.3 項以降の自営専門職と雇用専門職を経験する人びとの職業経歴を比較する前に，本項では両者の基本属性（出生年・性別・学歴・父職）について確認しておきたい．

　自営専門職の出生年は，1935-45 年生が 12.5%，1946-55 年生が 32.2%，1956-65 年生が 25.8%，1966-75 年生が 15.6%，1976-95 年生が

13.9% である（N＝295，以下同様）．それに対して，雇用専門職の出生年はそれぞれ，12.5%，19.1%，23.8%，24.2%，20.7% である（N＝2192，以下同様）．雇用専門職の出生年と比べると，自営専門職の1946年生以前がやや高い比率となっている．逆に若い世代になるほど，雇用専門職の比率が高くなっていることがわかる．つまり，本章が対象とする自営専門職は相対的に古い世代の経歴を対象にしていることを念頭におく必要がある．加えて，後で見るように，自営専門職を経験する人びとは雇用専門職に比べてキャリアの後半から自営業に参入するケースが多いため，このような比率のずれが生じている可能性がある．ただし，この比率は雇用専門職の中でごく一部の人が自営専門職の人にも含まれているので（4% 程度），実際の比率とは異なる点に留意が必要である．

次に性別を見ると，自営専門職の男性は 54.6% であり，女性は45.4% である．一方，雇用専門職の男性は 43.5% であり，女性は56.5% である．性別の比率は自営業と雇用で逆転しているが，性別を考慮した分析は 3.5 項で検討する．つづいて学歴を見ると，自営専門職の大卒は 59.7%（非大卒は 40.3%）であるのに対して，雇用専門職の大卒は 47.4%（非大卒は 52.6%）となっている．自営専門職の学歴は雇用専門職と比べると大卒の比率が高くなっているが，雇用専門職の性別をふまえると，男性大卒は 71.0%（非大卒は 29.0%），女性大卒は 29.2%（非大卒は 70.8%）となる．つまり，雇用専門職の大卒比率の低さは女性の学歴によるところが大きい．一方，自営専門職の性別を見ると，男性大卒は 64.6%（非大卒は 35.4%），女性大卒は 53.7%（非大卒は 46.3%）となっている．すなわち，自営専門職の学歴は雇用専門職とは異なり男女ともに高学歴であることがわかる．

最後に父職を確認すると，自営専門職と雇用専門職の父親が自営業である比率は 15.9% と 15.7% となっている．この比率だけで判断することは難しいが，本人が自営専門職であるからといって，父親が自営業を営んでいるとは限らないことがわかる．いいかえると，父親と本人の世代間の地位継承はそれほど強くないことを示唆しているのかもしれない．ただし，後で見るように，自営専門職の中でも特定の職業経歴を有する

人は父親の職業との結びつきが強いので，15.9％ の内実をふまえて判断する必要があるだろう．そこで，3.3 項と 3.4 項では自営専門職と雇用専門職の職業経歴を記述し，そのパターンを抽出することを試みる．

3.3　自営専門職の職歴パターン

2.2 項で述べた通り OM 分析によって職業経歴間の距離を求めたうえで，その距離行列を用いてクラスター分析（ウォード法）を行った結果，自営専門職の職業経歴では，5 つのパターンが得られた[9]．分析ではデンドログラムを作成し，その分岐点を参照して 3 から 8 クラスターを当てはめたうえで，最も説明のしやすい分割である 5 クラスターが適切であると判断した．そのようにして得られた各パターンの職業経歴を示したものが図 4-3 である．

図 4-3 はそれぞれのパターンの系列を示している．各パターンの特徴から 5 つのパターンを次のように名づけた．すなわち，多様型，非正規経験型，ホワイト経験型，専門経験型，専門一貫型である．縦軸は各パターンに該当するサンプルの比率であり，横軸は 15 歳から 70 歳となっている．黒色（非該当を意味する）は値が欠損値または当該の年齢までに到達していないことを意味している．

まず，各パターンの全体像を確認しておきたい．全体のサンプルサイズに占める比率は専門一貫型が最も高く（35.6％），ついで多様型となっている（34.9％）．それ以外のパターンの比率にはそれほど違いはなく専門経験型（10.8％），非正規経験型（10.5％），ホワイト経験型（8.1％）の順となっている．各パターンの職歴の長さの平均値を求めると，系列の長さ（職業経歴の長さ）は多様型を除くとおおよそ 40 年となっていた．多様型の職歴の長さは 28.7 年であり，他のパターンと比べると 10 年ほど短くなっているが，標準偏差の値が大きいために（12.3），このパターンには職歴の長い人と短い人が混在していることがわかる．

次に各パターンの特徴を見ていく．多様型は他のパターンに比べると，さまざまな職業カテゴリが入り混じっている．たとえば，40 歳時点の職業カテゴリを確認すると，自営専門職の比率が高く，それについで自

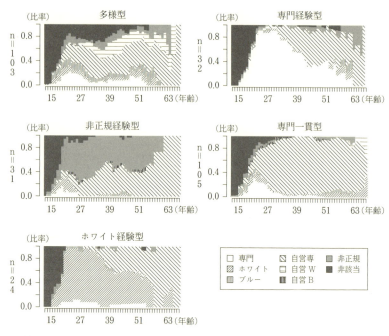

図4-3 自営専門職における各パターンの職業経歴

営W,非正規雇用,ブルーカラー,ホワイトカラー,雇用専門職となっている．加えて，非該当も一定数含まれているので（特に40歳代まで），相対的に職歴の短いサンプルが入っていると考えられる．

非正規経験型は20歳代から30歳代にかけて非正規雇用の比率が高いことが特徴である．30歳代から自営専門職の比率は上昇するものの，非正規雇用の比率は高止まっていることがわかる．この傾向は自営専門職を経験した人びとの一部は非正規雇用へ戻っている，あるいはその逆となっていると考えられる．また，60歳代以降は自営専門職の比率が高くなっていることにも特徴がある．

ホワイト経験型は20歳代から30歳代においてホワイトカラーの比率（特に大企業）が高くなっていることに特徴がある．そして，30歳代後半から40歳代にかけて自営専門職の比率が上昇していることがわかる．

第4章　自営専門職の職業経歴——職歴パターンとその条件の探索

さらに 50 歳代後半から自営専門職の比率が上昇し，60 歳代では自営専門職の比率が最も高くなっている．その傾向はおそらくホワイトカラーの職業経験を生かして自営専門職へ参入しているためであると考えられる．

専門経験型は 20 歳代から 30 歳代前半における雇用専門職の比率が高く，その比率は 40 歳代後半にかけて低くなる傾向にある．すなわち，その時期に自営専門職へ参入するパターンである．そして自営専門職の比率は徐々に上昇していくものの，45 歳くらいでピークをむかえる．ただし，雇用専門職の比率が 3 割程度でとどまっていることを見ると，自営専門職へ参入した層が雇用専門職へ移動している層も一定数存在していることが考えられる．そして 60 歳以降は自営専門職と非正規雇用の比率が高まっていることがわかる．

専門一貫型は 30 歳代前半までに参入し，そのあと 65 歳くらいまでは比率に大きな変化は見られない．つまり，このタイプはキャリアの初期に自営専門職へ参入した後，その職業的な地位にとどまるという意味において安定的な職業生活となっていることに特徴がある．ただし，65 歳以上で自営 W とホワイトカラーを経験する人が一部に存在していることがわかる．

ホワイト経験型はキャリアのほぼ全ての期間をホワイトカラーとして働き，60 歳頃から自営専門職へ参入することが典型的な職歴である．たとえば，このパターンに該当する人の職歴を抜き出してみると次のようなものである．A さん（男性）は 19 歳から 57 歳まで雇用専門職の会計事務員として働き，58 歳から現在の 59 歳まで自営専門職の公認会計士として働いている．一方，B さん（女性）は 20 歳から 30 歳まで雇用専門職の外交員や会計事務員として働き，31 歳で自営専門職の個人教師となり 54 歳まで働いている．ホワイト経験型には，A さんのように職業上の連続性がある場合と，B さんのように直接的に自営専門職に生かせる職業経験を積んでいるとは限らない層が混在している．

専門経験型は初職開始年齢に若干の違いはあるが，おおよそ 10〜15 年ほど雇用専門職を経験してから自営専門職へ参入していることがわか

る．たとえば，このパターンに該当するCさん（男性）は次のような職
歴となっている．24歳から39歳は雇用専門職の情報処理術者として働
き，40歳から自営専門職となり現在の46歳まで同じ職種の情報処理技
術者として働いている．他方，このパターンに該当する女性の例も見て
おきたい．Dさんは雇用専門職の教員（その他の教員）として25歳から
34歳まで働き，35歳から自営専門職の個人教師となり47歳まで継続し
ている．このパターンに該当する人は上述の2つの例のように，雇用か
ら自営への参入は類似した職業上で生じているケースが多く見られた．

3.4　雇用専門職の職歴パターン

　前項と同様に系列分析を用いて雇用専門職の職歴パターンを抽出し，
自営専門職のパターンと比較していく．その方法は本項でも距離行列を
算出するためにOM分析を利用する．そのうえで，クラスター分析
（ウォード法）によりパターンを検討した．パターン数（クラスター数）
は3から8まで求めて，適切な解釈が可能な6パターンを採用した．

　図4-4はそれぞれのパターンの系列を示している．各パターンの特徴
から6つのパターンを次のように名づけた．すなわち，多様型，非正規
経験型，ホワイト経験型，ブルー／非正規経験型，専門一貫型，自営専
門経験型である．自営専門経験型は主に自営専門職を経験している者で
あるが，キャリアの後半に自営ホワイトカラーが若干含まれている点に
留意が必要である．

　各パターンの特徴を説明しておきたい．まず，多様型を見ると，さま
ざまな職業カテゴリが混在していることが見て取れる．そしてこの系列
の長さは他のパターンに比べると短いことに特徴がある．全体の平均年
数が31.6年であることに対して，このパターンは20.7年と短い．ただ
し，その散らばり具合は大きく，系列の長い人と短い人が入り混じって
いる．各職業の就業経験年数の平均値（以下，就業年数）は専門職が6.8
年と相対的に長いが，それ以外の職業は1～2年程度となっている．

　次に非正規経験型を見ると，20歳代後半から非正規雇用の比率が上
昇していることがわかる．このパターンの専門職の就業年数は6.2年で

112

第4章　自営専門職の職業経歴——職歴パターンとその条件の探索

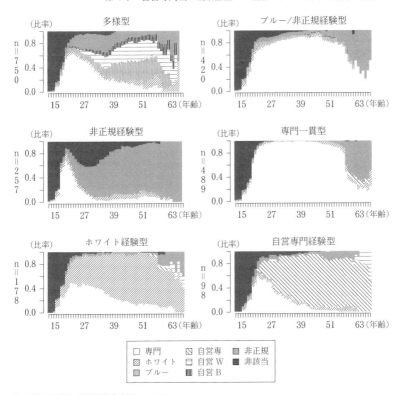

注：横軸は年齢，縦軸は比率を示している．

図 4-4　雇用専門職における各パターンの職業経歴

あるのに対して，非正規雇用の就業年数は 17.1 年と長い．このパターンはキャリアの前半に専門職として働いた後は非正規雇用として働いていることがわかる．ホワイト経験型は，20 歳代の後半からホワイトカラーの比率が上昇している．その就業年数は 18.4 年であるのに対して，専門職の就業年数は 10.5 年である．このパターンはほぼこの 2 つの職業から形成されていると判断して良いだろう．

ブルー／非正規経験型と専門一貫型はそのキャリアの大半を専門職に就いていることに特徴がある．前者の就業年数は 18.9 年，後者の就業年数は 33.9 年である．またこれらのパターンに共通するのは 50 歳代の後半から非正規雇用の比率が高まることである．おそらく，定年後の職

113

となっていると考えられる．ただし，前者の系列の長さは 30.1 年であるのに対して，後者の長さは 43.1 年と最も長い．つまり，専門一貫型は多くの人がすでにキャリアの後半に差し掛かっていることがわかる．系列の長さの点から見ると，自営専門経験型は専門一貫型に次いで長い（38.4 年）．ただし，自営業の就業年数は 17.9 年であることから，職歴の中で自営業（特に自営専門職）を経験している人びとはおおよそ半分の期間を自営業者として就業していると判断できる．

　先述したが，このパターンには 3.3 項で分析対象とした人が一部に含まれている．雇用専門職を経験する人全体からすると，このパターンに該当する人は 4.5% と小さな規模である．しかし，次項で検討する各パターンの条件を比較する際には慎重な判断が必要である．そのため，本章ではこのパターンを積極的には取り上げないこととする（雇用専門職については第 6 章で所得の側面から検討する）．

3.5　職歴パターンの条件

　以上の記述によって自営専門職の職業経歴は 5 パターンに類型化することができる一方で（3.3 項），雇用専門職の職業経歴は 6 パターンに類型化することができた（3.4 項）．ではこうしたパターンの違いは何によるのだろうか．ここでは自営専門職のサンプルサイズが小さいことから，各パターンに該当する条件を探る 1 つの手法であるブール代数分析をおこなう．雇用専門職についてはサンプルサイズが相対的に大きいために各パターンを従属変数とするロジットモデルによる分析も考えられるが，前提の異なる手法を用いた分析結果を比較することには困難がともなう（齋藤 2017）．そのため，本章の焦点である自営専門職の職業経歴を明らかにすることを優先してブール代数分析による検討を行なう[10]．

　本節の分析では，原因条件としては「父職」（自営業ではない場合を 0，自営業である場合を 1），「性別」（女性である場合を 0，男性である場合を 1），「学歴」（大卒ではない場合を 0，大卒である場合を 1）とした．一方，結果変数は各職歴パターンに該当しない場合を 0，該当する場合を 1 とした[11]．表 4-2 はブール代数分析の結果をまとめたものである．

114

第4章　自営専門職の職業経歴——職歴パターンとその条件の探索

表4-2　自営専門職と雇用専門職の職歴パター
ンの条件

自営専門職		
パターン名	ブール式	度数
多様型	$\sim F^* \sim S + \sim F^* \sim E$	103
非正規経験型	$\sim S + F^* \sim E$	31
ホワイト経験型	$\sim F^* S + S^* \sim E$	24
専門経験型	$F^* S^* \sim E + \sim F^* S^* E$	32
専門一貫型	$F^* S + F^* E + S^* E$	105

雇用専門職		
パターン名	ブール式	度数
多様型	$\sim F^* \sim S + \sim S^* \sim E$	750
非正規経験型	$\sim S$	257
ブルー／非正規経型	$F^* S^* E + \sim F^* S^* \sim E$	420
専門一貫型	$S^* E$	489
ホワイト経験型	S	178
自営専門経験型	$F^* \sim S^* E$	98

注1：F：父職，S：性別，E：学歴
注2：記号「*」は「かつ（AND）」，記号「+」は「ある
　　いは（OR）」，記号「～」は「集合の否定」を意味して
　　いる．

　自営専門職の職歴パターンの規定要因は雇用専門職に比べてどのよう
な特徴があるのだろうか．分析結果から読み取れる類似点と相違点は次
の通りである．第1に，多様型と非正規経験型は父親が自営業ではなく
かつ女性（$\sim F^* \sim S$）や女性（$\sim S$）であることが共通して条件に含まれ
ていることがわかる．第2に，ホワイト経験型は男性であること（S）
が1つの条件となっていることがわかる．第3に，専門一貫型では男性
かつ大卒であることは共通しているが（$S^* E$），自営専門職ではそれに
加えて，父親が自営業でありかつ男性であること（$F^* S$），あるいは父
親が自営業でありかつ大卒であるというルート（$F^* E$）が見られる．つ
まり，父親が自営業であるか否かということが重要な条件の1つに組み
込まれている点で異なっている．加えて，専門経験型では，いずれのル
ートにおいても男性であることが条件となっているが，父親が自営業で
ある場合には非大卒となっているのに対して（$F^* S^* \sim E$），父親が自営
業ではない場合には大卒が条件となっていることがわかる（$\sim F^* S^* E$）．

115

以上の結果をふまえると，自営専門職の職歴は各パターンによって該当する条件が異なることに加えて，複数のルートが存在していることが明らかとなった．そして，そのパターンの中でもキャリアの初期から自営専門職を続けるパターン（専門一貫型）は父親が自営業であることが条件の1つに組み込まれていることが示された．

4. 複線的なルートを持つ自営専門職

　本章の目的は，専門的・技術的職業を経験する自営業（自営専門職）の職業経歴の特徴を2005年と2015年のSSM調査データによって明らかにすることであった．具体的には，自営専門職の職歴はどのようになっているのか，その職歴パターンの条件はいかなるものであるのか，を自営ホワイトカラー，自営ブルーカラーや雇用専門職の職歴パターンおよびその条件と比較することによって，自営専門職の職業経歴の特殊性と一般性を検討した．分析の結果，次の3点が明らかとなった．

　第1に，自営専門職の職業経歴は5つの異なる職歴パターン（多様型・非正規経験型・ホワイト経験型・専門経験型・専門一貫型）に大別できることがわかった．その職歴パターンは，職業キャリアの全般を専門職として形成していると考えられる専門経験型と専門一貫型は全体のおおよそ半数を占めており，残りの半数は雇用専門職，ホワイトカラー，ブルーカラーなどを経験する多様なパターン，非正規雇用を主に経験するパターン，ホワイトカラーを経験するパターンから形成されていた．

　第2に，そうした職歴パターンの条件を父職・性別・学歴の側面から検討すると，性別によって大きく異なっていることを前提にして，それ以外の条件との組合せが重要であることが示された．具体的には，男性であることが条件となるのは，ホワイト経験型，専門経験型，専門一貫型であるのに対して，女性であることが条件となるのは，多様型と非正規経験型であった．性別との組合せとして父親の職業（自営業か否か）と学歴（大卒か否か）に着目してみると，男性かつ父親が自営業であることが条件であるのは，専門経験型と専門一貫型であることがわかった．

逆にいえば，それ以外のパターンでは父親が自営業者であるかどうかは条件とはなっていないことが示された．一方，性別と学歴の組合せに着目すると，専門経験型と専門一貫型において大卒であることが条件の1つになっていることがわかった．さらに，前者のパターンの条件は，父親が自営業ではなくかつ大卒であるのに対して，後者のパターンの条件は，父親が自営業であることが条件に組み込まれていた．

　第3に，自営専門職の職業経歴とそのパターンの条件は，雇用専門職の職業経歴と比較すると次のような共通点と相違点があることが明らかとなった．まず，共通点としては性別によって職歴パターンが異なっていた．とりわけ，非正規雇用を経験するパターンやさまざまな職業を経験する多様なパターンには女性が多く含まれているという特徴があった．さらに，学歴（大卒であること）は雇用専門職においても条件の1つとなっていることがわかった．他方，相違点としては父職の条件である．父親が自営業であることは自営専門職の中でも専門経験型と専門一貫型において条件の1つとなっているが，雇用専門職では自営業を経験するパターンの条件の1つに組み込まれているものの，その条件に合致するケースは極めて少ないために頑健な結果とはいえないものであった．つまり，雇用専門職の職歴において父親が自営業であるかどうかは自営専門職と比べるとその影響は小さいといえる．

　ではこのような結果は何を意味しているのだろうか．自営専門職の職業経歴を記述すると，その職歴の背後には職業移動の両義性を指摘できるのかもしれない．というのも，専門的な技能を身につけて企業から独立して働く自営専門職は，個人の裁量によって仕事を選択しているという意味で「開放的」な働き方となっている一方で，その内実を見ると，性別や学歴，さらには父親の職業によって職業経歴が経路づけられるという意味で「閉鎖的」な働き方となっているためである．いわば，「自営専門職」というカテゴリの内部において，開放的／閉鎖的な職業移動が同時進行している状況を垣間見ることができる．その状況は，従来の社会階層研究における主要な職業的キャリアとしては等閑視されてきた専門職へのルート，とりわけ，自営専門職への移動を捉える必要性を示

唆しているのかもしれない.

　最後に本章の限界点を述べておきたい. 第1に, 本章で示した職歴パターンの条件は1つの分析結果に過ぎない. とりわけ, 条件の組合せによって生じる結果変数の整合性 (本章でいえば各パターンに該当すると判断する閾値) を探索的な試みとして低めに設定している. 可能なかぎり個々の事例を確認したうえで検討したが, その設定の仕方によっては条件が異なる可能性がある. いいかえると, これらの変数 (とその組合せ) によって検討することには限界があり, 別の原因条件を考慮して分析する必要があることを意味している. 第2に, 専門的・技術的職業の具体的な仕事内容にまで十分に踏み込めていない. この点については第5章と第6章で部分的に検討することになるが, 専門職の内実は各職業によって技能の蓄積の仕方が異なると考えられるのでその点をふまえて捉える必要がある.

　以上, 第2章から第4章の検討によって, 自営専門職をめぐる移動のあり方 (参入と退出, 職業構成, 職業経歴) がおぼろげながら見えてきた. では, 自営専門職にたどりついた人びとの所得や就労時間から見た待遇はどのようになっているのだろうか. いわば, 移動の帰結の問題である. 続く2つの章では, 戦後から現代における自営専門職の待遇を明らかにしてみたい.

注

1) 総合8分類は原・盛山 (1999: xix) を参照した.
2) 第3節以降の分析では, サンプルサイズが小さくなるために中小企業と大企業の区分を統合している.
3) そのため, 一部のサンプルはいずれのデータセットにも含まれているが, それ自体も分析の対象となる. この点は第3節で改めて取り上げて説明する.
4) ブール代数分析については, 鹿又ほか編 (2001), 石田 (2010, 2017), Ragin (1987), Rihoux and Ragin eds. (2009), 田村 (2015) などを参照されたい.
5) ここでの構成比率は「時間単位」の構成比率である. 構成比率には「イベント単位」も考えられるが, 職歴の場合に限れば, イベント単位

118

ではなく時間単位の構成比率の方が分析目的に適しているため，本章では「時間単位の構成比率」を用いる（保田 2008: 8）.

6) RPD 指標の作成に際しては，2017 年 4 月 16 日に開催された「SSM2015 職歴ワークショップ」の保田氏の報告資料「SSM2015 の person-year データについて」の pp.11–17 を参照した.

7) 分析は，R の TraMineR を利用した（Gabadinho et al. 2011）.

8) コスト設定はいくつかの値を探索的に試したが，分析結果に大きな影響は生じなかった．しかし，職業間の移動コストをどのように設定するのかについては検討の余地が残されている.

9) なお，6 クラスター以上はたとえクラスターが増えたとしても，そのクラスターに該当するサンプルは小さいものであった.

10) 分析には R の QCA パッケージを用いた（Ver.3.1）．ソフトウェアの使用方法は Theim and Dusa（2013）と森（2017）を参照した.

11) 結果は各職歴パターンの各条件（2×2×2 の 8 通り）が該当するか否かによって 1 と 0 の値を与えているが，少数事例の場合をどの程度許容するかという整合性の水準は分析者の判断に任せられる（田村 2015: 143）．整合性水準とは，確証事例がその行に所属する事例総数に占める比率である（田村 2015: 142）．本章では，仮説を厳密に検証するというよりはむしろ条件を探索的に発見することに主眼がある．そのため，各パターンの真理表から判断して頻度基準を 0.5 前後に設定した．この処理によって，条件の組合せに該当するケースが増える方向にバイアスがかかっている点に留意が必要である.

第5章

自営業の所得構造とその推移
───職業間の比較

　前章までは自営業をめぐる移動（参入・退出・職業経歴）に焦点を当ててきた．第5章と第6章では，移動の帰結としての所得に着目する．具体的には，本章では自営業者の所得が職業によってどの程度異なっているのか，その違いは時代によって変化しているのかを1955年から2015年SSM調査データによって明らかにする．分析の結果，自営業における専門職が非専門職の所得を上回るという差は1995年以降に緩やかに拡大し，その差を維持していることがわかった．その内実を見ると，かつては専門職の中でもスキルレベルの高い上層専門職とスキルレベルの低い下層専門職の間に生じていた所得差は大きいものであったが，その差は1995年以降に縮まる傾向であることがわかった．この結果は，下層専門職の所得が近年になるほど相対的に上昇していることを示唆している．

1.　問題の所在───自営専門職は非専門職に比べて稼げるようになっているのか

　本章の目的は，自営業の所得構造が1950年代から2000年代にかけてどのように変化してきたのかを明らかにすることである．とりわけ，自営業層の中でも近年になるほど拡大している「専門職」に着目し，専門職とそれ以外の職業の所得格差が拡大したのかを検証する．以下では，職業による所得構造の趨勢を考察する意義を，所得の不平等に関する研究と自営業層の職業構成の変化という観点から説明しておきたい．

　近年，所得の格差・不平等の問題は経済学や社会学などの学問領域のみならず，実社会においても人びとの関心を集めている．そして所得の

不平等に関する研究では，所得の格差が拡大したことが指摘されており，その背景を説明するために国家間の比較研究から各国特有の背景を考慮した国内の研究へとシフトしている（Lemieux 2008）．さらに，最近の研究は所得と労働市場の関係に焦点を当てる枠組みから社会経済的な政策，政治的な制度や地域の企業活動などとの関係を組み込んだ枠組みへと拡張している（McCall and Percheski 2010）．

　日本に関していえば，橘木俊詔は1980年代以降において所得や資産の格差は拡大しており，その不平等の度合いは世界的に見ても高いということを示した（橘木 1994）．この研究を端緒として，所得や賃金の格差が拡大しているかどうかについての研究が数多く蓄積されてきた（e.g. 佐藤 2000; 大竹 2005）．さらに，2000年代以降の日本社会は非正規雇用者が増加することにともなって，正規雇用者との間に生じた所得や機会の格差にも注目が集まってきた（e.g. 太郎丸 2009; 有田 2016）．ところが，これらの研究の多くは基本的には企業に雇われた「被雇用層」を研究対象としているため，企業から独立して働いている「自営業層」は経済学・社会階層研究の隙間に取り残された存在として等閑視されてきた（第1章）．

　しかしながら，自営業層は被雇用層の所得格差を考察するうえでも欠かせない存在である．なぜなら，1990年代以降に農業層を除く自営業層が衰退したことと被雇用層での所得格差は密接に結びついていると考えられるためである（野村 2014）．自営業層の衰退は雇用の世界が拡大することを意味する．そして，「雇用の世界がドミナントになると，学歴・学校歴が労働力の配分においても，個々人の職業アスピレーションにおいても，決定的に重要」になる（野村 2014: 247）．つまり，企業社会のように「管理された所得格差」とは異なる世界を築くことが可能である「自営業」という選択肢が社会から消失していくことは，被雇用層の内部で生じている所得格差が拡大していく1つの要因となりうるのである．いいかえると，自営業層は所得格差の拡大に歯止めをかけるという社会的な役割を果たす可能性があると考えられる．

　たしかに，1990年代以降の自営業層は衰退してきたが，その衰退は

第5章　自営業の所得構造とその推移——職業間の比較

一様に生じているのではない．販売職や熟練職は減少している一方で，専門職だけは確実に増加していることが明らかとなっていることはすでに述べた（第3章）．事実，2000年代の自営業層における専門職の比率は販売職や熟練職の比率と並んで高まりつつある．図5-1は，自営業者の職業構成比率の推移を示している．国勢調査の自営業層は，従業上の地位区分で「雇人のある業主」，「雇人のない業主」と「家庭内職者」である．一方，本書が対象とする自営業者は，本人が自営業主・自由業者と認識している者と事業規模の小さい経営者であるため，定義が若干異なる点に留意が必要である（分析対象となる自営業者は序章と第1章を参照）．

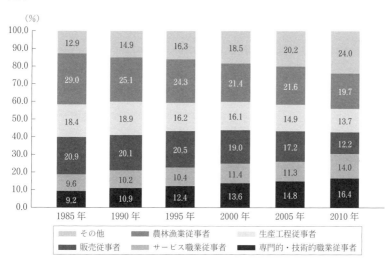

注：ここでは農林漁業従事者を含めた比率となっている．
出典：国勢調査より筆者が作成した．データは内閣府の報告書をもとにした．http://www.cao.go.jp．
最終アクセス：2017年1月23日

図5-1　自営業者の職業構成の趨勢

図5-1を見ると，自営専門職（専門的・技術的職業に従事する自営業）の比率は1985年から2010年にかけて上昇する傾向にあることが見て取れる．その比率は1985年の9.2%から2010年の16.4%へと増加している．ただし，就業者全体に占める専門職の比率を確認したところ（総務省労働力調査），1985年では9.3%，そして2010年では15.8%であった．

123

つまり，自営業者の専門職比率だけが増加しているというよりはむしろ雇用者も含めて専門職の比率が高まっていると考えられる．このような絶対的な数のうえでの増加と同時に，自営業と専門職の相対的な結びつきとその強さが 1955 年から 2015 年にかけて次第に強まっていることを示した（第 3 章）．

　他方，専門職以外にもサービス職業従事者やその他の職業も増加していることが見て取れるが，その中には専門職と親和性の高い職業も含まれている．たとえば，専門的資格を必ずしも必要としない「その他の保健医療従事者」や医療や福祉関連施設での補助的な業務を担当する「その他の医療・福祉サービス職業従事者」などである．専門職比率の増加傾向は 1995 年までのデータを用いて指摘されているが（八幡 1998），第 3 章の結果をふまえるとその傾向が 2000 年代に入ってさらに強まっていると考えられる[1]．

　つづいて，自営業者の職業内容を具体的に見ておきたい（表 5-1）．ここで示した職業内容は 1955 年から 2015 年において該当する人数が上位 10 の職業である．表を見ると，職業内容は各年によって異なっている様子がうかがえるが，小売店主，大工や飲食店主はいずれの年でも上位にあることがわかる．加えて，板金工，左官，製造や組立などに関わる職業も上位にランキングされている．下段の 2005 年と 2015 年では土木・建築請負師の数が小売店主についで多くなっている．

　この表 5-1 から総じていえることは，本書が着目している「自営専門職」はいずれの年においても上位にあるわけではない．表 5-1 の職業内容を確認するかぎり，第 3 章で示したような「自営業の専門職化」という現象が顕著に見えてくるものではない．むしろ，販売職，熟練職，半熟練職などに該当する職業が一般的であることがわかる．専門職の職業内容に関しては第 6 章において改めて取り上げることになるが，「戦後」という長期的な趨勢で見ると，日本の自営業は販売職や熟練職などから依然として形成されており，その傾向に劇的な変化が生じているわけではないということである．

　他方，上述のように職業構成の相違はあるが，戦後から 1980 年代ま

第 5 章　自営業の所得構造とその推移——職業間の比較

表 5-1　自営業の職業内容の趨勢

1955 年		1965 年		1975 年		1985 年	
小売店主	69	小売店主	100	小売店主	87	小売店主	100
大工	25	大工	21	大工	24	大工	33
卸売店主	22	理容師	13	卸売店主	18	飲食店主	20
行商人	13	卸売店主	12	飲食店主	18	卸売店主	12
宗教家	10	飲食店主	10	自動車運転者	15	料理人	11
指物職	10	洋服仕立職	10	料理人	11	理容師	10
土工	9	板金工	8	左官	9	左官	8
理容師	9	左官	8	パン・菓子製造工	9	不動産仲介人	8
板金工	8	塗装工	7	理容師	8	電気工事人	8
自転車組立工	8	料理人	7	土木・建築請負師	7	一般事務員	7
おけ職	8	豆腐製造工	6	指物職	7	板金工	7
実数 370		352		406		412	
1995 年		2005 年		2015 年			
小売店主	79	小売店主	55	小売店主	39		
左官	29	土木・建築請負師	30	土木・建築請負師	24		
飲食店主	21	理容師	18	電気工事作業者	16		
営業・販売事務員	16	大工	17	外交員	15		
不動産仲買人	14	飲食店主	16	一般機械器具組立工	14		
電気工事作業者	13	電気工事作業者	15	飲食店主	11		
料理人	12	卸売店主	12	大工	11		
土木・建築請負師	11	自動車組立工	12	建築・土木技術者	10		
外交員	10	現場監督	11	総務・企画事務員	10		
金属工作機械工	10	不動産仲買人	9	料理人	10		
建築・土木技術者	9	料理人	9	理容師	9		
実数 432		実数 369		実数 380			

注 1：データは 1955 年から 2015 年の SSM 調査データである（男性のみ）．表で示した値は実数である．
注 2：職業分類のコードは 1995 年以降に変更がなされているが，自営業の該当者に関するかぎり変更による影響は小さいと判断した．しかし，分類のコードが異なるために同じ職業であっても職業名が若干異なる点に留意が必要である．ここではあくまでも全体的な傾向を把握することに主眼を置く．

での自営業者の所得は被雇用者の所得よりも高いことが示されてきた（橘木 1994）．しかしながら，1990 年代には常時雇用者の所得が自営業者のそれを上回っている可能性を指摘する研究がある（鄭 2002）．そして自営業者の所得が雇用者の所得に比べて低下していることが，自営業減少の原因の 1 つであることが指摘されている（玄田 2002, 2003）．具体的には，自営業者の加齢による所得の伸び悩みが自営業を敬遠する 1 つの理由になっていると説明している（玄田 2003）．

125

たしかに，既存研究が示すように自営業者全体としての所得は常時雇用者の所得と比べると低下する傾向にあると考えられる．ところが，近年に増加傾向にある自営専門職の所得を計量的に捉えた研究はほとんど存在していない．専門職は他の職業と比べると労働市場における希少価値が高いために，自営業者の所得が常時雇用者の所得に比べて低いかどうかは自明ではない．加えて，専門職とそれ以外の職業の所得との関係およびその趨勢は未知の検討課題となっている．さらにいえば，自営業層において増加している専門職はその内実が多様であるために，専門職の内部をより丁寧に見ていく必要がある．自営業層の職業による所得構造の趨勢を考察することは，自営業の存立にかかわるだけではなく，被雇用層に生じている所得格差の背景を理解するうえでも必要不可欠である．

　そのための具体的な研究課題として本書では，所得に関して自営業における職業間の相違（第5章）と専門職における従業上の地位間の相違（第6章）の両面から分析を進める．前者では，自営専門職は他の職業（販売職や熟練職など）に比べてどのくらい稼げているのか（稼げていないのか）を捉える．後者では，専門職に従事する人びとに限定した際に自営業であることが他の従業上の地位（常時雇用と非正規雇用）に比べてどの程度有利になっているのか（不利になっているのか）を見極める．それらの分析を通して自営業の中でも自営専門職の所得構造の輪郭を描きたい．

　そこでまず本章では，自営業において専門職と他の職業の所得がどのような関係になっているのか，その関係は時代によって異なっているのかを1955年から2015年に実施された全国規模の社会調査データを用いて検討していく．以下，第2節ではデータと変数について説明し，第3節では分析結果を提示する．第4節では，分析結果をまとめたうえで議論を行なう．

2. データと変数

本章で用いるデータは，1955 年から 2015 年までを統合した SSM 調査を用いた．1955 年から 1975 年の調査には女性が含まれていないことを考慮して，分析対象者を男性の自営業者に限定して，分析に必要な変数の欠損値がない 2,220 人を分析対象とした（所得の上位 1% は外れ値として分析から除外）．なお，3.1 項では比較対象として男性の常時雇用者も分析に含めた（6,900 人）．

本章の従属変数は 2015 年を基準にして物価を調整した個人所得である．個人所得は対象者の調査前年度の税込み年間収入を 10〜35 個程度のカテゴリで尋ねたものを用いた．1955 年は 5〜50 万円区切りの 11 カテゴリ，1965 年はおおよその実額，1975 年と 1985 年は 25〜50 万円区切りの 35 カテゴリ，1995 年は 100〜200 万円区切りの 17 カテゴリ，2005 年と 2015 年は 25〜100 万円区切りの 30 カテゴリである．各カテゴリでの回答については中央値をとり連続変量化したうえで対数変換し

表 5-2　変数の記述統計量

変数名	%	変数名	%
職業		調査年	
上層専門職	3.6	1955 年	15.3
下層専門職	6.2	1965 年	13.6
非専門職	90.1	1975 年	17.0
地域		1985 年	15.2
北日本	12.2	1995 年	15.0
東日本	48.9	2005 年	11.3
西日本	38.9	2015 年	12.5
婚姻状態		変数名	平均
未婚	6.7	個人所得（対数）	5.7 (0.9)
既婚	90.5	世帯所得（対数）	6.0 (0.9)
離死別	2.8	年齢	48.1 (11.7)
		教育年数	10.9 (3.0)

注：N＝2,220，（　）内は標準偏差を示す．

た値を用いた.

独立変数は職業である. 職場における具体的な仕事の内容を尋ねたものを統合した4分類を用いる. すなわち, 専門職, 販売職, 熟練職, 半熟練職である[2]. 自営業には管理職が一部含まれていたが除いた. 専門職については, 既存研究をふまえてスキルレベルに応じてさらに上層専門職と下層専門職に区分した. 区分の詳細については 3.2 項で説明する.

また, 統制変数としては次の変数を用いた. 1955 年, 1965 年, 1975年, 1985 年, 1995 年, 2005 年, 2015 年の 7 カテゴリからなる調査年, 気象庁の地域区分に基づいて北日本, 東日本, 西日本の 3 カテゴリからなる地域, 年齢, 年齢の 2 乗項, 教育年数, 婚姻形態 (変数の作り方は第 2 章と第 3 章と同様) である. 表 5-2 は最終的なデータセットにおける各変数の記述統計量を示したものである.

3. 分析結果

本章の分析では, 1955 年から 2015 年にかけて職業による所得構造が変化したのかを検証する. 分析の手順は以下の通りである. まず, 自営業者の職業と所得の関係, およびその時系列の変化を記述的な分析により確認する (3.1 項). そのうえで, 個人所得を従属変数とする重回帰分析を用いて職業による所得差が拡大したかどうかを検討する (3.2 項). 重回帰分析という多変量解析法の 1 つを用いることによって, 表 5-2 に示したさまざまな変数の影響を考慮したうえで, 職業と個人所得の関連を捉えることが可能となる.

3.1 職業による所得の趨勢

職業ごとの平均所得には変化が見られるのだろうか. 本項では自営業における職業の違いに着目するが, ここでは比較対象として常時雇用も併記することによって自営業の特徴を示す.

図 5-2 を見ると, 自営業者の平均所得はいずれの職業においても1955 年から 2015 年にかけて上昇傾向にあることがわかる. そして, 専

第 5 章 自営業の所得構造とその推移——職業間の比較

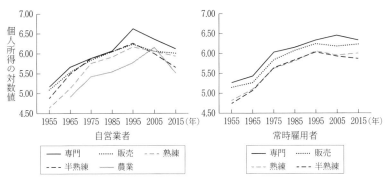

注:農業の自営業者を参考のためにプロットしている．しかし，1955 年調査は農業の個人所得をたずねていないために値を示していない．

図 5-2 職業による所得の推移

門職はいずれの年代においても上位にあり，販売職と熟練職がそれにつづいていることを確認できる．加えて，専門職とそれ以外の職業の所得差は 1995 年以降に緩やかに拡がり，その差を維持していることがわかる．とりわけ，1995 年の自営専門職の値は突出して高くなっているが，2005 年と 2015 年を見ると低下しているために 1995 年の値は例外的だった可能性がある．ただし，1995 年は 1955 年から続いた所得の上昇トレンドが弱まる，あるいは反転して下降し始める分岐点になっている様子をうかがえる．さらに詳細に見ると，所得の減少は半熟練職で顕著な傾向となっており，その傾向は農業に近いものとなっていることがわかる．これらの点を考慮するならば，既存研究が示した「自営業者の所得の低下」という現象は専門職を含めた傾向ではあるが，職業間の相違，特に専門職とそれ以外の職業を区分する必要があると考えられる．

一方，常時雇用者の平均所得の傾向は自営業者の平均所得と類似したものとなっていることがわかる．ただし，自営業者の所得は 1995 年を境にして減少が始まるが，常時雇用者の所得はそれほど変化していない．加えて，半熟練職の所得の減少も顕著になっているわけではなく，熟練職の所得に近い水準で推移していることがわかる．

つづいて，各年の変動係数の趨勢も合わせて確認しておきたい（図 5-3）．この値は平均値からどのくらい平均的に離れているかというデータ

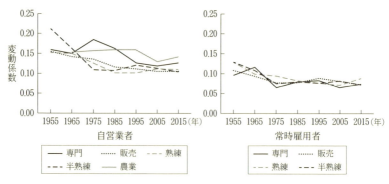

注:自営業者の農業を参考のためにプロットしているが,1955年調査は個人所得をたずねていない.

図5-3 職業による変動係数の推移

のばらつき具合を示す1つの指標である[3]. この図5-3を見てまずわかることは,自営業者の変動係数は常時雇用者のそれに比べて職業間の散らばりが大きいことがわかる. 常時雇用者の値のように職業による違いがほとんど見られないということは,職業間による所得のばらつき具合は小さいということである. そしてその傾向は1955年から2015年まで一貫したものとなっていることがわかる.

それに対して,自営業者の変動係数は専門職や農業の値がそれ以外の職業よりも高い値となっている. つまり,これらの職業の所得のばらつき具合はいずれの年においても相対的に大きい. ただし,1975年以降の専門職の値を見ると2005年にかけて小さくなり,2015年にはわずかに上昇していることを確認できる.

以上をまとめると,自営業者の所得は常時雇用者の所得と同様に1955年から2015年にかけて緩やかに上昇しており,専門職はいずれの年においても他の職業と比べると上位にある. ただし,自営専門職の所得に関してはその散らばり具合が大きいものとなっていることが示された.

では,自営業者の平均所得は職業間において異なるといえるのだろうか. そして,職業間による違いは調査年によってどの程度説明されるのだろうか. ここではそうした関心に答えるために個人所得を従属変数とする分散分析を行ったところ,職業は統計的に有意な値であったため,

第5章 自営業の所得構造とその推移——職業間の比較

表5-3 職業と時点による所得の分散分析

	自営業		常時雇用	
	F 値	偏イータ2乗	F 値	偏イータ2乗
年齢	1.941 ***	0.043	21.952 ***	0.138
職業	12.968 ***	0.018	116.558 ***	0.049
調査年	116.066 ***	0.245	1343.404 ***	0.164
職業 × 調査年	1.512 †	0.013	0.649	0.000
調整済み R^2	0.364		0.347	
N	2220		6900	

注：*** : $p < 0.001$, ** : $p < 0.01$, * : $p < 0.05$, † : $p < 0.1$

職業における所得の平均のうち，少なくとも1つの職業カテゴリの平均値が他の平均値と等しくないことがわかった（表5-3）．より具体的にいえば，販売職と半熟練職および熟練職と半熟練職の平均値の違いを除く組合せにおいて，所得の違いが見られた（分析に際しては農業を除外している）[4]．

　さらに分散分析表を見ると，職業と調査年の交互作用項は10％水準で有意な値となっていることがわかる（表5-3）．すなわち，職業の所得に対する影響は調査年によって異なっている．ただし，独立変数の影響の効果量を測る偏イータ2乗の値を見ると，職業と調査年の交互作用項の値は相対的に小さく（0.013），所得の分散はこれらの変数以外の要因によって説明される部分が大きいことに留意が必要である．他方，常時雇用の交互作用項は有意な値となっていないために，調査年による違いは限定的であると判断できる．

　職業ごとの所得の趨勢を簡単にまとめると，自営業では専門職の所得は1955年から2015年にかけて上昇する一方で非専門職（販売職・熟練職・半熟練職）は収斂する形で1995年を境にして2015年にかけて緩やかに減少している．ここから，自営業の所得を捉える場合には専門職と非専門職の相違に着目する必要があると判断できる．加えて，自営業の中でも専門職の所得は他の職業と異なり散らばり具合が大きい．そのため，自営業に関しては専門職とそれ以外の職業との違いと同時に，専門職の「内部」をより適切に捉える必要があると考えられる．そこで 3.2

項では専門職の内部をスキルレベルという1つの切り口によって峻別しつつ，時代による違いを捉えてみたい．

3.2 専門職の内部構成を考慮した重回帰分析

前項で見たように，専門職は他の職業と比べるとその内部の散らばりが大きいために専門職の内部を何らかの形で峻別する必要がある．ここではその1つの手段として，専門職の内部をスキルレベルによって上層と下層にわける職業分類（EGP分類）を用いることにする[5]．EGP分類に基づく上層と下層の区分は次の通りである．主な上層専門職は，「建築・土木技術者」，「医師」，「歯科医師」，「薬剤師」，「弁護士」，「その他の法務従事者」，「公認会計士・税理士」などから構成される．一方，主な下層専門職は，「情報処理技術者」，「あん摩・はり・きゅう師・柔道整復師」，「その他の保健医療従事者」，「宗教家」，「文芸家・著述家」，「記者・編集者」，「彫刻家・画家・工芸芸術家」，「デザイナー」，「写真家・カメラマン」，「俳優・舞踏家・演芸家」，「個人教師」，「経営コンサルタント」などから構成される．

つづいて，そのように区分した上層／下層専門職と販売職・熟練職・半熟練職を統合した非専門職の所得の平均値を確認しておきたい（図5-

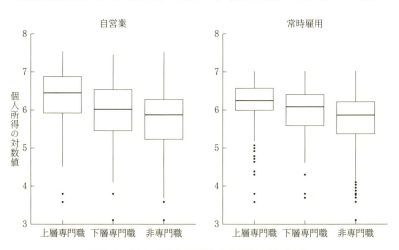

図5-4 上層・下層専門職と非専門職の個人所得

第5章　自営業の所得構造とその推移——職業間の比較

4）．この図を見ると，自営業では専門職の上層と下層の所得は大きく異なることがわかる（サンプルサイズが小さいために 1955 年から 2015 年の調査データを統合している）．対数変換後の中央値（箱の中にある横の実線）と実測値の中央値は次の通りである．いずれの専門職も標準偏差が大きいとはいえ，上層専門職が 6.5（634.2 万）である一方，下層専門職は 6.0（410.4 万）である．非専門職の所得は 5.8（345.9 万）であり下層専門職と近い値となっていることがわかる[6]．

　他方，常時雇用者の上層／下層専門職の所得は，それぞれ 6.3（521.5万）と 6.1（443.3 万）であった．つまり，上層／下層専門職の所得差は

表 5-4　個人所得を従属変数とする重回帰分析の結果

	交互作用項なし		交互作用項あり	
	係数	標準誤差	係数	標準誤差
切片	4.071 ***	0.103	4.068 ***	0.103
地域（基準：北日本）				
東日本	0.135 **	0.049	0.140 **	0.049
西日本	0.017	0.050	0.023	0.050
調査年（基準：1955–1965 年）				
1975–1985 年	0.832 ***	0.040	0.843 ***	0.042
1995–2015 年	0.922 ***	0.043	0.927 ***	0.045
年齢	0.002	0.002	0.002	0.002
年齢 2 乗項	−0.001 ***	0.000	−0.001 ***	0.000
教育年数	0.055 ***	0.006	0.054 ***	0.006
婚姻形態（基準：未婚）				
既婚	0.449 ***	0.066	0.452 ***	0.066
離死別	0.182	0.112	0.184	0.112
職業（基準：非専門職）				
上層専門職	0.323 ***	0.084	0.651 ***	0.191
下層専門職	−0.124 †	0.066	−0.201	0.143
調査年と従業上の地位（基準：1955–65 年 / 非専門職）				
1975–1985 年*上層専門職			−0.320	0.245
1995–2015 年*上層専門職			−0.439 *	0.219
1975–1985 年*下層専門職			−0.046	0.187
1995–2015 年*下層専門職			0.172	0.167
Adj.R-squared	0.345		0.346	
N		2220		

注 1 ：*** : p<0.001，** : p<0.01，* : p<0.05，† : p<0.1
注 2 ：分析対象は自営業のみである．

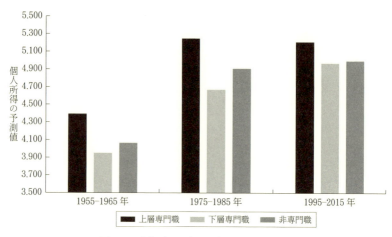

図 5-5　時点ごとに求めた個人所得の予測値

自営業者のそれと比べると小さいことがわかる．加えて，下層専門職と非専門職の間には大きな差が見られるため，専門職（上層と下層のいずれも）は他の職業と比べると優位性があると判断することができる．

以上，専門職の内実をスキルレベルによって区分したうえで所得を見ると，自営業の専門職の上層と下層の間にある所得の差は大きいことがわかった．つまり，自営業では専門職のスキルレベルによって得られる報酬に明瞭な差があることが示された．

ただし，ここで確認した 2 変数の関連は他の要因によって影響を受けている可能性があるため，調査年，年齢，学歴などの要因を統制した多変量解析を行なう必要がある．そのうえで，職業と調査年の関係を示しておきたい．ただし，前項において常時雇用は調査年と職業の関連が統計的に有意ではないことがすでに明らかとなっているために，ここでは自営業のみに限定した分析を行う．表 5-4 は対数変換をした個人所得を従属変数とする重回帰分析を行った推定結果である．加えて，交互作用の効果を直感的に判断するために予測値を合わせて示した（図 5-5）．

表 5-4 を見ると，非専門職と比べると上層専門職の所得はおおよそ 1.4 倍（exp（0.323））になっているのに対して，下層専門職はおおよそ 0.9 倍となっていることがわかる（exp（−0.124））．つまり，たとえ同じ

専門職であったとしても，専門性の多寡によって異なる効果を有することがわかった．さらに，そうした傾向が時代によって変化しているのかを図5-5より確かめておきたい．所得の予測値を見ると，上層専門職の予測値は非専門職のそれに比べて一貫して高い傾向であるが，1955-1965年に比べると1995-2015年ではその差が縮まっていることがわかる．それに対して下層専門職の予測値は1955-1965年と1975-1985年では非専門職のそれより低いことが見て取れる．ところが，両者の差は1995-2015年ではほとんど見られないことがわかる．大雑把な調査年の区分ではあるが，この数十年の間に下層専門職の稼得力が上昇する傾向にあると判断できる．ただし，依然として専門職の内部においても所得の相違があることをうかがい知ることができる．

以上の分析から自営業ではスキルレベルの高い上層専門職は非専門職に対して所得の優位性がある一方で，専門職の中でもスキルレベルの低い下層専門職は1955年から1995年までは非専門職よりも低い水準で推移し，1995年以降に同水準となっていることが明らかとなった．

4. 自営専門職の内部に生じる所得格差

本章の目的は，自営業層の所得構造が1950年代から2000年代にかけてどのように変化してきたのかを明らかにすることであった．とりわけ，自営業層の中でも近年になるほど拡大している「専門職」に着目し，専門職とそれ以外の職業の所得格差が拡大したのかを被雇用層と比較しながら検証した．本章の分析結果は，以下の2点にまとめることができる．

第1に，自営業における専門職と非専門職の所得格差は1990年代以降にかけて緩やかに拡大する傾向であることが示された．そしてその内実を見ると，専門職の所得が上昇する一方で，それ以外の職業（販売職，熟練職，半熟練職）の所得は職業間の差が収斂する形で減少していることが明らかとなった．その結果として専門職と非専門職間の所得格差は近年になるほど拡がる傾向を示すことがわかった（図5-2）．加えて，所得の散らばり具合を見ると，いずれの時代においても自営専門職は他の

職業より大きいことが示された．そしてその傾向は，2005 年から 2015 年にかけてわずかに強まっていることが明らかとなった（図 5-3）．

第 2 に，自営専門職の所得はその内部において異質なものとなっていることが明らかとなった．相対的にスキルレベルの高い上層専門職の所得は非専門職の所得に対して優位性を持っている一方で，下層専門職の所得は非専門職の所得と同等か低い水準であることが示された．そしてその傾向は 1955 年から 1985 年までは明瞭なものであった．しかし，1995 年から 2015 年では，下層専門職と非専門職の差が縮まると同時に上層専門職との差も小さくなる傾向であることがわかった（図 5-5）．

最後に，このような結果がなぜ生じているのか，そしてこの結果が示唆するものは何かについて考えてみたい．議論の出発点として，「専門職とは何であるのか」を簡単に整理したうえで考察する．

新社会学辞典によれば，専門職とは，「高度に体系的な知識と訓練を基礎に，社会の中心的な価値に関する問題に対して，有償で依頼人のサービスや助言を提供するサービス職業のこと」と定義されている（上林 1993: 901）．また竹内によれば，専門職とは「体系理論を応用する職業で，応用に際しては単なる機械的応用でなく創造，判断の転轍工房をもつ職業あるいは体系理論そのものを純理論的に追求する職業」という（竹内 1971: 61）．ただし，専門職と非専門職の分け方は理念型であって，現実には専門職と非専門職は連続体であると考えられている（竹内 1971）．つまり，専門職は体系的な知識を必要とする職業の集合体である一方，その内部には体系的な知識の深度や創造性の発揮において一定の幅があると考えることができる．いわば，「専門性の度合い」である．たとえば，医師や弁護士のように体系的な知識がある程度確立された専門職と，情報処理技術者や経営コンサルタントのように体系理論を確立することが難しい専門職では，同じ専門職であったとしても専門性の度合いは異なっていると考えられる．この視点に立つならば，自営業層における下層専門職と非専門職の所得水準の近さを次のように解釈することができる．

自営業層における専門性の低い職業は，常時雇用者の類似した専門職

と競合するために価格を低く抑える圧力が自営業にかかっている可能性が考えられる．極端にいえば，雇用層でも対応できる仕事をフリーランスとして独立する自営業層が下請けやアウトソーシングの一環として引き受けている可能性である．たとえば，ウェブデザイナー，編集や校正，カメラマン等の専門職は「業務委託契約」や「個人契約」という形で仕事を担っている人びとが含まれていることが指摘されている（佐藤ほか2012）．これらの専門職では，自営業者と常時雇用者が同じ市場の中で競合しているため，自営業者はたとえ得られる報酬を低くしてでも事業の存立のために仕事を引き受けざるを得ない状況が生じていることが考えられる．

　ただし，自営業層の下層専門職の中には高所得者が一部に含まれている点に留意が必要である．とりわけ，1995–2015年の下層専門職の予測値が他の調査年に比べて上昇しているが，それは下層専門職に含まれる少数の高所得者による影響が大きいと考えられる．たとえば，あん摩・はり・きゅう師と経営コンサルタント，彫刻家，宗教家の中に1000万円を超える人びとが数名程度含まれている（所得上位1%は分析に際して除外している）．これらの職業は職業分類上では「下層」にカテゴライズされるものの，所得は上層専門職と遜色ないだろう．つまり，自営専門職には，たとえ専門性が低いとしても，所得が高い人びとが含まれている可能性があるということを示唆している．

　本章では，専門職の内部を「スキルレベル」という1つの視点で区分してきたが，日本の文脈に照らして専門職をどのように捉えるかという理論的かつ実証的な検討が必要である．本章の分析によって，自営専門職の所得は他の職業に比べると高いが，その内部で異質なものとなっている可能性を示した．実際，本章と同様のデータを用いて所得を分析した研究によれば，「自営業は正規雇用よりも収入にかなりのばらつきをもたらす働き方になっている」ことが指摘されているが（小川 2016: 45; 瀧川 2013），そのばらつきをもたらす1つの要因として「専門職内の異質性」が考えられる．

　その点をより詳細に検討するためには，専門職を上層と下層に峻別す

ると同時に，スキルレベルでは捉えきれない専門職の特性を見極める必要がある．その1つの切り口として，職業（仕事の内容）が持つ複雑さを考慮した分析が考えられる．加えて，自営専門職内の所得格差が小さくなっている近年の内実をより的確に捉える必要がある．そこで，次章では2000年代の専門職に限定したうえで，自営専門職の所得は常時雇用や非正規雇用専門職の所得と比べてどのような特性を有しているのかを明らかにする．

注

1) ただし，自営業層の絶対数（総務省労働力調査）は1985年から2010年にかけて916万人から582万人へと急激に減少している点に留意が必要である．なお，データは総務省統計局（http://www.stat.go.jp/data/roudou/）から得た（最終アクセス：2017年1月30日）．

2) 職業カテゴリの統合は第3章と同様の対応をした．すなわち，専門職と技術職を統合して専門職，事務職と販売職を統合して販売職，半熟練職と非熟練職を統合して半熟練職とした．

3) 変動係数とは連続的な尺度について用いられる記述統計量である．この係数は，平均と標準偏差の両方を組み合わせて作ったもので，平均も分散も異なった2つの分布を比較するのに役立つ（Bohrnstedt and Knoke 1988＝1992: 75）．値は，標準偏差を平均で割ることによって近似的に標準化した値である．

4) 任意の2集団間で従属変数の平均値に有意な差があるかどうかについてはホルム法による多重比較を行った（高村ほか 2008）．

5) EGP分類の詳細はEriksonらの研究をもとにしている（Erikson et al. 1979）．また，再コードに際しては竹ノ下らの研究を参照した（竹ノ下ほか 2007）．

6) 先ほどと同様に多重比較をした結果，上層専門職と下層専門職の平均所得の違いは統計的に有意なものであるのに対して（p＝0.000），下層専門職と非専門職の平均所得の違いは統計的に有意なものではない（p＝0.110）．

第 6 章

自営専門職の所得格差
——従業上の地位間の比較

　本章では，専門的・技術的職業において従業上の地位と所得がどのような関係になっているのかを 2000 年から 2015 年までに実施された全国規模の社会調査データを用いて明らかにする．分析の結果，第 1 に，自営専門職の所得はさまざまな要因を統制すると常時雇用専門職の所得に比べて低いことが示された．第 2 に，自営専門職の所得は就労時間が長くなるにつれて上昇するという就労時間に依存的な傾向であることがわかった．第 3 に，自営専門職の所得は対話的了解に基づく複雑な仕事になるほど下がる傾向にあり，その傾向は常時雇用には見られず非正規雇用と類似した傾向であることが明らかとなった．この結果は，たとえ専門的な技能を身につけて組織から独立してより自由に働いたとしても，そのことが金銭的な自由に結びつくとは限らないことを示唆している．

1.　問題の所在——自営専門職は常時雇用専門職に比べて稼げるのか

　本章の目的は，日本の専門的・技術的職業において従業上の地位が所得に及ぼす影響を明らかにすることである．より具体的には，自営業者と常時雇用者の所得に相違が生じているとすれば，それはどのような要因（年齢，就労時間や仕事の複雑さなど）と結びついているのかに着目する．以下では，専門職の所得構造を考察する必要性を各章の分析結果をふまえた観点から説明する．

　日本の労働市場に占める専門職の比率が上昇していることは国勢調査や就業構造基本調査などのマクロなデータから示されている[1]．そして 1950 年代から 2000 年代までの長期的な職業構成の趨勢を記述すると，

自営専門職の比率は 1955 年の 8.1% から 2015 年の 18.8% へと上昇している一方で，常時雇用専門職の比率も 10% 程度から 20% 程度へと上昇していた（図 3-1）．第 3 章では，このような職業構造の変動による影響を取り除いたうえで，自営業と専門職の結びつきの強さが常時雇用と専門職のそれに比べて次第に強くなっていることをデータから示した．さらに，職種別に自営業への参入の生じやすさを分析すると，熟練職や販売職への参入に比べると専門職への参入が近年になるほど生じやすくなっていることが明らかとなった．すなわち，日本の自営業の職業構成は徐々に専門職へと変容していく可能性を指摘した．

第 4 章において生涯に一度でも自営専門職を経験する人びとの職業経歴を記述すると，いくつかのパターンにわかれていることを明らかにした．そこから見えてきたのは，一貫して専門職に従事する人もいれば，雇用の専門職から移動してくる人，断続的に自営専門職として働く人など複線的なパターンが混在していることがわかった．

さらに，自営専門職へたどりついた人びとの所得とその趨勢を見ると，スキルレベルの高い専門職の所得は一貫して高い一方で，スキルレベルの低い専門職は近年になって上昇傾向にあることがわかった（第 5 章）．ただし，専門職が拡大していると考えられる 2000 年代のサンプルサイズが非常に小さいために，得られた結果が頑健であるとはいえないものであった．加えて，「スキルレベル」という 1 つの指標では，専門職の職業ごとの多様さを十分に捉えきれていないという課題が残された．

そこで本章では，それらの研究課題に答えるために，2000 年から 2015 年までの専門職に従事する人びとに限定したうえで，自営専門職の所得構造を常時雇用専門職の所得構造と比較することによって明らかにする．

その際，分析の手がかりとして自営業において 1990 年代以降に生じた「年齢の上昇にともなって所得が上がらない」という研究知見を 1 つの出発点としたい（玄田 2003）[2]．いわば，年齢による所得の頭打ち仮説である．ただし，分析対象を専門職に限定する本章の関心からすると，専門職は必ずしも年齢によって所得が上昇するとは限らないと考えてい

140

第 6 章　自営専門職の所得格差——従業上の地位間の比較

る．もちろん，専門職は年齢にともなって所得が上がる側面はあると思われるが，専門的な技能の蓄積によって所得が上昇する可能性もあるだろう．いいかえると，専門的な技能を生かして複雑な仕事に対応することによってより多くの報酬を得る可能性である．いわば，技能による所得上昇仮説である．本章の分析は厳密な仮説検証というわけではないが，上記の問題関心に答えることを通して新たな仮説を構築するための基礎的な知見を提示することを試みる．

　分析に際して，「技能」をどのように測るかということはつねに難しい問題としてつきまとうものであるが，本章では後述する「仕事の複雑性」を1つの代理指標として用いる（長松ほか 2009）．この指標は，専門職を含む各職業に対して仕事の処理に関する複雑さの度合いを得点化している．そのため，前章で用いた「スキルレベル」によって峻別した専門職の内実を一歩進めた形で捉えることが可能となる．

　ではなぜ，専門職において従業上の地位（自営か雇用かという就業形態）を比較する必要があるのか，という点を説明しておきたい．人びとが何らかの専門職を選択する際には，職を得る前に教育や資格の獲得という専門職の労働市場に参入する以前に長期的な準備期間が必要となる．そのため，何らかの職業を選んだのちに従業上の地位を選択することになると考えられる．たとえば，教員という専門職を目指す人が常時雇用の地位を獲得することが難しく，自営業に近い形として業務請負の非常勤講師という職を得る，あるいは個人経営の塾を開業して自らが個人教師としての職を得ることがある．別の例でいえば，医師という専門的な資格（免許）を得たのちに雇用されて働くこともあれば，独立して働くこともあるだろう．

　このように想定するならば，所得の多寡に影響するもっとも浅い要因は，自営業であるかどうかという従業上の地位であると考えられる．そして，従業上の地位と上述したような年齢，教育，スキルレベルや仕事の複雑さなどの要因が複雑に組み合わさって所得を規定していると予測できる．

　そこで本章では，専門職において自営専門職の所得は被雇用専門職の

所得と比べてどのような関係になっているのか，を 2000 年代に実施された全国規模の社会調査データを用いて検討していく．以下，第 2 節ではデータと変数について説明し，第 3 節では分析結果を提示する．第 4 節では，分析結果をまとめたうえで議論を行なう．

2. 方法

2.1 データ

分析に使用するデータは，2000 年から 2012 年にかけて実施された JGSS と 2005 年と 2015 年に実施された SSM 調査である．分析の対象者は，全国に居住する満 20〜59 歳の男女である．各年の調査を統合した有効回答数は 46,025 人であった．このうち，現職の職業が専門的・技術的職業であるものに限定して，分析に必要な変数の欠損値がない 2,648 人が分析対象となった．

分析は男女を区別せずに行なう．専門職の職種は性別によって偏りが見られるために男女別に分析を行いたいが，サンプルサイズが小さくなってしまうために推定が不安定になる恐れがある．そのため，次善の策として性別を統制する形で分析を行なうことにした．

本章の自営業者も，従業上の地位が「経営者・役員」かつ従業員数が「1 人〜29 人」あるいは「自営業主・自由業者」として操作的に定義している．一方，比較参照とする常時雇用者と非正規雇用者は従業上の地位が「常時雇用の一般従業者」と「臨時雇用（パート・アルバイト）」，「派遣社員」，「契約社員」，「嘱託」を統合したカテゴリとした．JGSS は，全国規模の社会調査でかつ 2000 年代に継続的な調査が実施されている数少ないデータのうちの 1 つである．加えて，SSM 調査も 2000 年に入ってから 2 度実施されており，両者を統合することによって可能なかぎりサンプルサイズを確保するようにした．

2.2 変数

従属変数は個人所得の対数値である．具体的には，調査前年の税込年

間収入を 19 から 30 カテゴリで尋ねたものである．そして各カテゴリの中央値をとり，連続変量化して用いる．所得の上位と下位 1% のケースは平均値に大きな影響を及ぼす可能性があるために除外した．各従業上の地位の所得を確認すると，自営業者の所得平均値（標準偏差）は 5.78（1.04），常時雇用者は 6.16（0.54），非正規雇用者は 4.78（0.83）であった [3]．

　独立変数は従業上の地位と仕事の複雑性である．前者は，上述した常時雇用者，非正規雇用者，自営業者とした．後者は，長松らによって開発された「各仕事において要求される情報処理（データ），対人関係処理（ヒト），対物処理（モノ）に関する機能が労働者にどれほど複雑な判断を要求するか」を表す指標を用いる（長松ほか 2009: 78）．仕事の複雑性は，意識や所得などに対して影響を持つことが知られており（e.g. Hadden et al. 2004），日本のデータを用いてもその有効性が確認されている（長松ほか 2009）．本章が対象とする専門的・技術的職業は各仕事（職業内容）によってその複雑さが大きく異なっていると考えられる．専門職を対象として分析する際，仕事の複雑性スコアは職業の違いをより適切に峻別するための 1 つの手段として有効であると判断して用いることにした．そのスコアは数値が高いほど複雑性が高いことを示す [4]．そして分析に際しては平均値で中心化した値を用いた．

　また，統制変数としては次の変数を用いた．調査年，年齢（20 歳代，30 歳代，40 歳代，50 歳代），性別，中学・高校・高専・短大・大学・大学院にそれぞれ 9・12・14・14・16・18 の数値を割り当てた教育年数，婚姻状態（配偶者有りと配偶者無し），平均値で中心化した週あたりの就労時間，EGP 分類によって専門的・技術的職業を上層と下層に区分したスキルレベルを用いた（詳細は第 5 章を参照）．表 6-1 に，分析に用いる変数の記述統計量を示した．

　分析に先立って，従業上の地位ごとの特徴を職業内容（表 6-2）と仕事に関する意識（図 6-1）を簡単に確認しておきたい．表 6-2 を見ると，専門職の構成は従業上の地位によって特徴が異なっていることがわかる．たとえば，自営業者は個人教師の比率が顕著に高く，つづいて建築・土

表 6-1　変数の記述統計量

変数名	%	変数名	%
従業上の地位		調査年	
常時雇用	74.1	2000 年	6.4
自営業	11.1	2001 年	5.1
非正規雇用	14.8	2002 年	5.7
年齢		2003 年	5.7
20 歳代	13.3	2005 年	16.4
30 歳代	29.9	2006 年	9.5
40 歳代	32.6	2008 年	9.4
50 歳代	24.2	2010 年	10.7
性別		2012 年	11.4
男性	48.6	2015 年	19.8

女性	51.4	変数名	平均
婚姻状態		個人所得（対数）	6.1 (0.8)
配偶者有り	75.9	世帯所得（対数）	6.7 (0.5)
配偶者無し	24.1	教育年数	14.7 (2.0)
スキルレベル		就労時間	42.4 (14.4)
上層専門職	23.8	ヒト複雑性	4.7 (1.8)
下層専門職	76.2	モノ複雑性	4.9 (1.6)

注：N＝2648，（　）内は標準偏差を示す.

木技術者，あん摩・はり・きゅう師，情報処理技術者，デザイナーや経営コンサルタントなどから構成されている．それに対して常時雇用者では，看護師，機械・電気・化学技術者，情報処理技術者，その他の保健医療従事者，学校の教員や保育士などが高い比率となっていることがわかる．他方，非正規雇用者では，看護師，保育士，その他の保健医療従事者，個人教師や薬剤師などの比率が高くなっている．このように専門職の職業比率は従業上の地位によって大きく異なっている．そのため，職業を統制した分析が望ましいが，その対応は該当するサンプルサイズが小さいために難しい．ここでは次善の策としてスキルレベルや仕事の複雑性を考慮することになるが，職業間の相違をいかに統制するかという問題を抱えている点に留意が必要である．

　ではこのような専門職に従事する人びとは自分の仕事に対してどの程度満足しているのだろうか．図 6-1 は従業上の地位と仕事満足感のクロス表を棒グラフに示したものである．値は不満から満足までを 5 段階で

第6章 自営専門職の所得格差——従業上の地位間の比較

表6-2 各従業上の地位における主な専門的・技術的職業

	常時雇用	非正規	自営業
機械・電気・化学技術者	13.3	1.5	2.0
建築・土木技術者	5.5	0.5	12.3
情報処理技術者	11.7	3.1	7.2
医師	1.1	0.8	0.7
歯科医師	0.1	0.0	3.4
薬剤師	2.0	4.6	3.4
看護師	15.5	18.6	0.0
あん摩・はり・きゅう師	0.4	1.0	8.2
その他の保健医療従事者	9.3	14.8	3.1
小学校教員	8.5	2.3	0.0
中学校教員	3.0	0.5	0.0
高等学校教員	4.3	2.5	0.0
宗教家	0.1	0.0	2.4
記者，編集者	0.7	1.0	2.7
彫刻家，画家，工芸美術家	0.0	0.3	2.7
デザイナー	1.1	1.3	5.5
保育士	5.2	15.0	0.0
社会福祉事業専門職員	2.7	4.3	1.7
個人教師	1.3	13.5	28.0
経営コンサルタント	0.5	0.0	3.4
その他の専門的・技術的職業従事者	1.0	1.8	2.7
実数	1,962	393	293

注：表は列パーセントの値であるが，主な職業を示しているために列を合計しても100%にはならない．

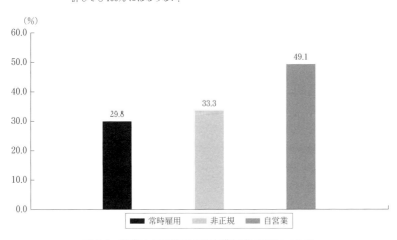

図6-1 従業上の地位別の仕事満足感（「満足」の比率）

145

たずねているが，そのうち「満足」に該当する比率を示した[5]．この図 6-1 を見ると，自営業者の仕事満足感は 49.1% と突出して高く，非正規雇用者がつづき（33.3%），常時雇用者が最も低い値となっていることがわかる（29.8%）．

さらに，独立した状態からのずれ（期待値からの残差の大きさ）を確認したところ，自営業者の値は正に大きくなっているのに対して（標準化残差が +4 以上），常時雇用者の値は負に大きくなっていることがわかった（標準化残差が -2 から -4 の間）[6]．すなわち，自営業者は仕事に対して「満足」と回答する顕著な傾向であることがわかった．逆に，常時雇用者は「満足」と回答する傾向が見られず，両者は対極的になっていることが示された[7]．ただし，「自営業者の満足感が高い」という傾向は OECD 諸国やヨーロッパ諸国の自営業者に関する研究においてすでに示されている（e.g. Benz and Frey 2008a, 2008b; Lange 2012; Binder 2013; Millan et al. 2013）．そのため，その傾向は「日本特有の現象」というよりはむしろ，一般的に自営業に見られるものと判断できる．

3. 分析結果

本章の分析では，2000 年代の専門職において従業上の地位によって所得がどのように規定されているのかを分析する．分析の手順は以下の通りである．まず，従業上の地位と所得の関係，および仕事の複雑性の関係を記述する（3.1 項）．そのうえで，個人所得を従属変数とする重回帰分析を用いて従業上の地位の違いが所得に影響を及ぼしているのか，及ぼしているとすれば，従業上の地位と他の要因（年齢・就労時間・仕事の複雑性）がどのように結びついて影響しているのかを検討する（3.2 項と 3.3 項）．重回帰分析は第 5 章でも述べた通り，さまざまな変数の影響を統制したうえで，従業上の地位と所得の関連を見極めることが可能となる方法の 1 つである．

3.1 個人所得と仕事の複雑性の記述

本項では，3.2項以降で主な分析対象とする変数を記述しておきたい．具体的には，個人所得と仕事の複雑性（データ・ヒト・モノ）が常時雇用，非正規雇用，自営業ごとにどの程度異なっているのかを確認する．その状況を通して自営専門職の相対的な位置を示す．

図 6-2 は対数変換した個人所得および比較のために世帯所得を並列したものである．個人所得を見ると，常時雇用と自営業の中央値（箱の中にある横の実線）と実測値の中央値はそれぞれ 6.215（500 万円）と 5.991（400 万円）となっているのに対して，非正規雇用は 4.745（115 万円）と両者に比べると低い値になっていることがわかる．また，自営業の所得は常時雇用と非正規雇用に比べるとばらつきが大きいことが見て取れる（箱の下面である第 1 四分位数と上面である第 3 四分位数の幅が相対的に広い）．

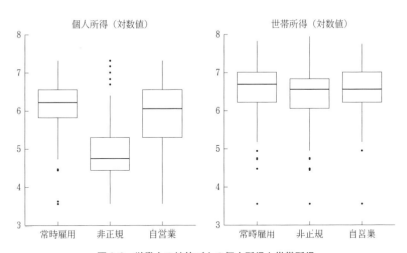

図 6-2 従業上の地位ごとの個人所得と世帯所得

他方，世帯所得を見ると，自営業と常時雇用の水準は個人所得と大差は見られないが，非正規雇用の水準は高くなっていることがわかる．つまり，非正規雇用の場合，世帯を構成する他のメンバーが本人の所得の低さを補塡するような形になっていると考えられる．おそらく，その背

景には男女による違いがあると考えられる．というのも，男性非正規雇用の個人所得の中央値は 5.617（275 万円）であるのに対して，女性のそれは 4.745（115 万円）と両者の差は大きいものとなっている．このような違いがあるために本来は性別によってわけて分析を進めることが望ましいが，専門職に限定した本章の分析ではサンプルサイズが小さくなるために男女を統合したデータのままで議論を進める（性別は統制変数として加える）．

つづいて，図 6-3 は仕事の複雑性を側面ごと（データ・ヒト・モノ）に示したものである．自営業の仕事の複雑性スコア（中央値）は常時雇用と非正規雇用に比べると全般的に高い傾向にあることがわかる．とりわけ，その相違は対人関係処理に関わるヒト複雑性において顕著に見られる．自営業の中央値は 4.672 であるのに対して，常時雇用と非正規雇用はそれぞれ 3.520 と 4.052 となっている．一方，データの複雑性に関しても自営業が最も複雑な仕事を担っていることがわかる．加えて，モノの複雑性に関しては，中央値で見るかぎり常時雇用と自営業の差は小さい（5.609 と 5.573）．しかし，四分位範囲（IQR）を確認すると，自営業は常時雇用と比べると高い値で小さくまとまっていることがわかる．つまり，自営専門職は対物的な処理についてもより難しい仕事となって

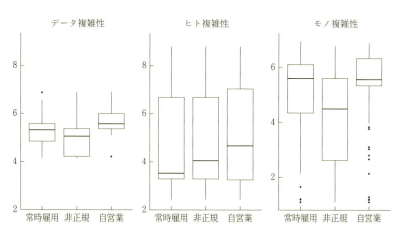

図 6-3　従業上の地位ごとの仕事の複雑性

いるのである．とはいえ，第1四分位数から IQR の 1.5 倍に収まらな
かったサンプル（黒丸）がいくつか観察される点に留意が必要である．
すなわち，自営業の中に複雑性の低いサンプルが含まれているのである．

　以上，単純な記述ではあるが自営専門職の1つの特徴として，扱うデー
タや対人関係における複雑な仕事を担っている状況が見えてきた．他
方，自営業の対物的な処理の複雑性スコアは相対的に高く，そのばらつ
きが小さいことが見て取れる．

　これまでの記述から，自営専門職の個人所得は自営業の内部で分散が
大きいものの，常時雇用と比べると同等ないし下方であることが示され
た．他方，自営業の仕事の複雑性スコアを見るかぎり，その仕事は常時
雇用と非正規雇用よりも複雑になっていることが示された．しかし，こ
こで確認した関係は他の要因（たとえば，性別，年齢，学歴や婚姻形態な
ど）によって影響を受けている可能性があるために，それらの要因を統
制する多変量解析による検討が必要となる．

3.2　従業上の地位の所得に対する影響

　本項では，従業上の地位が所得に及ぼす影響を検討する．その際，第
5章で用いた EGP 分類による専門職をスキルレベルによって2つに峻
別するカテゴリ（上層／下層専門職）に加えて，職業の差異をより正確
に捉えるための1つの指標である仕事の複雑性を用いる．ただし，仕事
の複雑性スコアの中でもデータとヒトの複雑性は両者の間に強い相関関
係が存在するために分析では，ヒトとモノの複雑性スコアのみを投入し
た（長松ほか 2009: 85）．

　それでは個人所得を従属変数とした重回帰分析の結果を確認する（表
6-3）．分析に際しては，独立変数（従業上の地位）と統制変数に加えて
上層／下層専門職のみ（モデル1），仕事の複雑性スコアのみ（モデル2），
両者を同時に投入したモデル（モデル3）を比較した．分析の結果，常
時雇用を基準とした場合の自営業であることが所得に及ぼす効果はいず
れのモデルにおいても負の有意な係数であることがわかる．より具体的
にいえば，モデル3から判断すると自営業は常時雇用よりもおおむね

表 6-3　個人所得（対数値）を従属変数とする OLS の結果

	モデル 1 係数	モデル 1 標準誤差	モデル 2 係数	モデル 2 標準誤差	モデル 3 係数	モデル 3 標準誤差
切片	4.839 ***	0.093	4.632 ***	0.096	4.736 ***	0.099
調査年（基準：2000 年）						
2001 年	−0.032	0.061	−0.04	0.061	−0.030	0.061
2002 年	0.051	0.059	0.058	0.059	0.055	0.059
2003 年	−0.061	0.059	−0.057	0.059	−0.062	0.059
2005 年	−0.034	0.048	−0.028	0.048	−0.031	0.048
2006 年	−0.091 †	0.052	−0.101 †	0.052	−0.095 †	0.052
2008 年	−0.097 †	0.052	−0.100 †	0.053	−0.099 †	0.052
2010 年	−0.145 **	0.051	−0.148 **	0.051	−0.147 **	0.051
2012 年	−0.154 **	0.051	−0.164 **	0.051	−0.157 **	0.051
2015 年	−0.087 †	0.047	−0.095 *	0.047	−0.091 †	0.047
年齢（基準：20 歳代）						
30 歳代	0.301 ***	0.036	0.304 ***	0.036	0.301 ***	0.036
40 歳代	0.523 ***	0.036	0.535 ***	0.036	0.527 ***	0.036
50 歳代	0.602 ***	0.038	0.620 ***	0.038	0.609 ***	0.038
性別（基準：女性）						
男性	0.323 ***	0.025	0.348 ***	0.025	0.324 ***	0.025
教育年数	0.046 ***	0.006	0.061 ***	0.006	0.053 ***	0.006
婚姻形態（基準：配偶者なし）						
配偶者あり	0.005	0.026	0.020	0.026	0.012	0.026
就労時間	0.017 ***	0.001	0.017 ***	0.001	0.017 ***	0.001
スキルレベル（基準：下層専門職）						
上層専門職	0.148 ***	0.027			0.124 ***	0.029
従業上の地位（基準：常時雇用）						
非正規雇用	−0.847 ***	0.034	−0.844 ***	0.034	−0.846 ***	0.034
自営業	−0.409 ***	0.034	−0.403 ***	0.034	−0.400 ***	0.034
ヒト複雑性			−0.030 ***	0.007	−0.021 **	0.007
モノ複雑性			−0.006	0.007	−0.010	0.007
Adj.R−squared	0.589		0.588		0.590	
N			2648			

注 1：*** : p<0.001，** : p<0.01，* : p<0.05，† : p<0.1
注 2：VIF はすべて 2 未満．

33% ほど低い（1-exp(−0.400)）．この効果はスキルレベルと仕事の複雑性を考慮したとしても残っているために，自営業の所得は常時雇用の所得よりも低くなっていると判断することができる．また，非正規雇用も自営業と同様に負の有意な効果となっており，その値は 57% ほど低いものとなっている（1-exp(−0.846)）．

仕事の複雑性スコアの効果を見ると，ヒト複雑性は負の有意な傾向となっているのに対して，モノ複雑性は有意な関連は見られない．長松らによる分析では，ヒト複雑性は個人所得に対する影響は正の効果であったが（長松ほか 2009: 86），本分析では逆の傾向となっている．結果の相違は，本章の分析では専門的・技術的職業に限定していることが影響していると思われるが，その点については第 4 節で改めて言及する．ここでのポイントはスキルレベルを統制したとしても，ヒト複雑性スコアの影響が残っていることである．つまり，ヒト複雑性という指標はスキルレベルとは独立した影響を所得に対して有しているために，第 5 章で試みたスキルレベルによる説明を一歩進めることが可能となる．ただし，その影響の仕方は 3.1 項で示した通り，従業上の地位によって異なることが考えられる．そこで次に従業上の地位と仕事の複雑性との交互作用による検討を行なう．

3.3　従業上の地位と仕事の複雑性との交互作用による検討

本項では，従業上の地位と年齢・就労時間・仕事の複雑性（ヒト・モノ）の交互作用を考慮したモデルを用いて検討する．ここでの焦点は仕事の複雑性との関係にあるが，先行研究ですでに自営業の特性として指摘のある年齢と就労時間も考慮した分析を行う．具体的には，従業上の地位によって各変数の個人所得に及ぼす影響がどのように異なるのかを捉える．前項で用いたモデル 3 をベースラインモデルとして各交互作用を投入したモデルを比較検討した結果，すべての交互作用項を投入したモデルの当てはまりが最も良いことが示された[8]．ただし，結果の詳細を示すと煩雑になりすぎるため，ここでは交互作用の効果を視覚的に理解するために所得の予測値を示すことにした（図 6-4 と図 6-5）．なお，

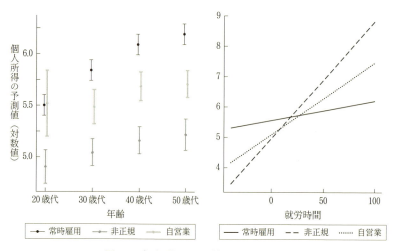

図 6-4　個人所得の予測値（年齢・就労時間）

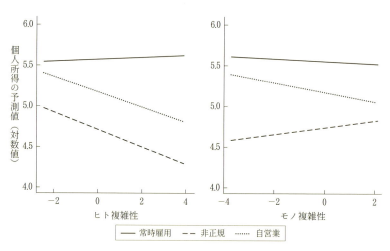

図 6-5　個人所得の予測値（ヒト複雑性とモノ複雑性）

第6章　自営専門職の所得格差——従業上の地位間の比較

予測値の算出に用いた分析結果は章末の表6-4に示した.

　図6-4の年齢を見ると，常時雇用は年齢とともに所得が上昇していくのに対して，自営業と非正規雇用はそのような傾向はほとんど見られないことがわかる．自営業の所得が加齢によって伸びなやむという結果はすでに1990年代後半から観察された現象であるが（玄田 2003），そのような傾向は専門職においても同様に示された．すなわち，自営専門職の所得構造も加齢に伴って所得が上昇しないという頭打ち仮説を支持する結果となっている.

　他方，就労時間を見ると，非正規雇用と自営業は就労時間が長くなるにつれて所得が上昇する様子がうかがえる．いうまでもなく，非正規雇用は時間給で働いていることが多いので働く時間が長くなるにしたがって所得が高くなることは驚くに当たらない．ところが，就労時間に依存する所得の上昇が自営専門職においても生じていることは着目に値する．というのも，専門的な仕事に就く自営業は生産性が高く効率的に働くことが可能となるような期待もあるが，本項の結果を見るかぎりそうした傾向は見られないのである．自営業の長時間労働の傾向はすでに指摘がなされているが（e.g. 鄭 2002；橘木 1994），その傾向は専門職においても類似していることを確認できる．それとは逆に常時雇用では就労時間によって所得の変動が小さいことことがわかる．つまり，自営専門職は「就労時間」という観点からするとけして「効率的な働き方」とはいえない可能性がある．この傾向の背景は次に見る仕事の複雑性との関係を合わせて捉えることによってより理解が進むと考えられる.

　つづいて，従業上の地位と仕事の複雑性（ヒト・モノ複雑性）の交互作用の挙動を示した（図6-5）．まず，ヒト複雑性を見ると，相対的に仕事内容が複雑ではない場合には（平均0より左側），常時雇用と自営業の所得の差は小さいが，両者の差は複雑になればなるほど乖離していくことがわかる．その乖離の仕方は自営業において仕事が複雑になるにつれて所得が下降していくことによって生じていることがわかる．そしてその傾きは自営業と非正規雇用において類似していることを確認することができる．他方，モノ複雑性を見ると，自営業の傾きは常時雇用の傾き

153

に比べると緩やかに下降していることがわかる（傾きは10%水準で有意な値）．つまり，自営業では対物的な処理も複雑になるほど所得が下がる傾向なのである．それに対して，非正規雇用の傾きはモノ複雑性の値が高くなるほど所得が緩やかに上昇する様子を見て取ることができる．

これらの結果を見るかぎり，自営専門職の所得は対人や対物の処理が難しくなればなるほど下がる傾向にあると判断することができる．つまり，専門的な技能を生かして複雑な仕事をこなすことによって得られる報酬が上昇とする仮説（技能による所得上昇仮説）を支持する結果とはなっていない．おそらく，複雑な仕事であれば，時間をかけて対応していくことになるだろう．そのために「非効率」な働き方となっている可能性がある．すなわち，複雑な仕事になるほど所得が下がる傾向と就労時間が長くなるほど所得が上がる傾向は相似の関係にあるのかもしれない．本章の分析結果を一言でまとめると，自営専門職に従事する人びとは仕事に対する満足感は高いものの，所得とその規定要因から見るその内実はけして楽観視できる状況ではないといえる．

4.　自営専門職の両義的な所得構造

本章では，専門的・技術的職業における個人所得と従業上の地位の関係を2000年代以降の全国調査データによって明らかにすることを試みた．とりわけ，自営専門職の所得は常時雇用専門職の所得に比べてどのようになっているのかを検討した．その際，就労時間，スキルレベルや仕事の複雑性を考慮することによって，自営専門職の働き方を複眼的に捉えることを目指した．

分析の結果，次の点が明らかとなった．第1に，自営専門職の所得はさまざまな要因を統制すると常時雇用専門職の所得に比べて低いことが示された．第2に，常時雇用専門職の所得は就労時間が長くなったとしてもそれほど上昇しないのに対して，自営専門職の所得は非正規雇用専門職ほどではないにせよ就労時間が長くなるにつれて上昇するという時間に依存的な傾向であることがわかった．第3に，自営専門職の所得は

第6章　自営専門職の所得格差——従業上の地位間の比較

仕事内容（特に対人関係に関わる処理）が複雑になるほど下がる傾向にあり，その傾向は常時雇用には見られず，非正規雇用と類似した傾向であることが明らかとなった．

　以上の分析をふまえると，常時雇用専門職の所得に比べて自営専門職の所得は専門職特有の複雑な仕事をすればするほど下降するという点において不利な状況に立っている可能性が示唆された．いいかえると，自営専門職は専門的な技能を身につけることによって組織から独立した働き方を実現しているものの，その技能が所得には反映されていないという待遇面から見た危うさと隣り合わせであると考えることができる．その危うさは，ややうがった見方をすれば，2.2項で示した自営専門職の「仕事に対する満足感の高さ」によって覆い隠されている可能性がある．

　しかし，以上の結果を示しただけでは自営専門職の所得構造について考察できていない点がある．第1に，なぜ対物的な処理に関わるモノ複雑性では関連が見られずにヒト複雑性のみで負の影響が見られたのか，第2になぜ対人関係処理が複雑になるほど自営業において所得が低下するのかという問題である．この点を考察することによって，自営専門職という働き方の特性を考えてみたい．

　第1の点であるが，スコアの特性を改めてふまえたうえで検討したい．モノ複雑性スコアは組立，精密加工や作業の制御などの対物的な処理（モノ）が難しいほど高くなるのに対して，ヒト複雑性スコアは人材育成，交渉や指導などの対人関係の処理（ヒト）が労働者に複雑な判断を要求する際に高くなる．この点をふまえると，専門的・技術的職業の1つの特性としては，仕事の内容をあらかじめ定めて作業が滞りなくできるようにするという難しさというよりはむしろ，対処の方法が個々人によって異なる仕事を処理していくことにあると考えられる．つまり，機械化することが困難な仕事をこなす技能が要求されていると考えることができる．

　この点を考慮するならば，ヒト複雑性が所得に負の影響を及ぼすことは当然の帰結かもしれない．というのも，ヒトに対処するということは，一人ひとりの性格や気質に応じて仕事を進める必要があるためにモノを

155

扱うように「効率的な対処」によって物事が進むとは限らないことを意味する．そうだとすれば，対人的な処理が難しくなればなるほど非効率的な仕事にならざるを得ず，利益を生み出しにくいために所得が上がらないということが考えられる．

そこで第2の点であるが，自営専門職においてヒト複雑性が上昇するほど所得が下がる理由の1つには個々人の特性に合わせるという時間がかかり非効率的な仕事を自営業という形で本人あるいは少人数で対応しているために生産性が上がらないことが考えられる．自営専門職の具体的な職業としては「個人教師」がその一例である．たしかに，個人教師を選択する自営業者は女性が多く家計を補助するパートタイムのような働き方となっている可能性はある．その意味では個人教師という職業は自営専門職の中でも特殊な働き方なのかもしれない．しかし，個々人の特性に応じて何らかの知識を伝達するという仕事は，たとえ機械化が進んだとしても，人間が担う仕事に含まれる必要条件の1つとして考えることができる．この点において，対人的な仕事とその対応は専門職が担う仕事の重要な要素を含んでいると考えることもできる．

このように考えるならば，本来であれば常時雇用においてもヒト複雑性が高くなるほど所得は下がるはずであるが，それが下がらない，ないしわずかに上昇しているのは，仕事から得られる報酬とは異なるところで「下支え」があるからと考えられる．たとえば，その存在は年齢とともに所得が上昇するのは常時雇用のみにおいて見られた傾向によって間接的に示されている．あるいは，組織として協働することによって非効率的な仕事の生産性を相対的に高く維持しているために所得が下げ止まっているのかもしれない．たとえば，常時雇用でヒト複雑性の高い仕事としては教員（小学校・中学校・高校など）が挙げられる．そして教員の仕事は個々の学生に応じる複雑な仕事という点においては所得が上がりにくい構造があると考えられるが，学校という制度に属する教員の所得は職業に対する報酬と同時に組織としての仕事に対する報酬が含まれる．加えて，個別の事案を共同で対処することによって全体の利益が上昇していることも考えられる．その結果として，個人の所得は仕事の複雑性

とは異なる側面でも決まるために常時雇用の所得とヒト複雑性の関係は自営業のそれとは異なる傾向を示しているのかもしれない.

　専門的・技術的職業に従事する人びとを対象にした本章の分析を通して，自営業の所得とその規定要因は必ずしも楽観視できるものではないことが断片的に垣間見えた．組織から独立して働く自営業の中でも「自営専門職」は，「原則的にいつでもどこでもはじめられる知識労働」（Perrons 2007＝2016: 226）に内在する特性を体現する1つの働き方とも見ることができる．そしてそこから得られる精神的な報酬が高いこととは裏腹に（図6-1で示した仕事に対する満足感が顕著に高い結果），経済的な報酬が低くなる所得構造となっている可能性を指摘することができた．

　むろん，そうした「稼ぎの少なさ」は「自営業という働き方を選択する本人の責任にある」と指摘することは容易であるだろう．しかし，稼ぎには直接的に反映されない働く人の生活を守るという仕組み（たとえば，年金や社会保険などの制度）という観点を考慮するならば，自営業は常時雇用と比べると制度的に脆弱な状況に置かれているといえる．もちろん，これは自営専門職に限った話ではない．しかし，第5章で示したように所得のもっとも高い専門職においてすら，所得の上昇が難しい構造を有しているならば，自営業という選択肢が貧困層を再生産するという負の循環が生じる可能性がある．これからの日本社会において組織を介さない知識労働がさらに増える状況を想定するならば，何らかの形で生活の下支えをする制度を補強する必要があるのかもしれない．いわば，「社会的に創られる自営専門職」である．本章の分析結果は自営専門職の表裏を断片的に映し出しているのかもしれない.

　さらにいえば，自営専門職の「所得が上がりにくい一方で仕事の満足感が高い」という傾向は，経済的な側面からだけでは捉えられない人びとの生き方を映し出している可能性がある．たとえば，収入，雇用や生活の満足度などの暮らしにかかわる複合的な指標から見ると（「より良い暮らし指標（Better Life Index）」），日本社会のスコアはOECD諸国の中で低いことが知られている[9]．より具体的にいえば，収入や経済的な豊かさについての指標は高い一方で，生活に対する満足感や幸福感につ

表 6-4　図 6-4 と図 6-5 の予測に用いた重回帰分析の結果

	係数	標準誤差	係数	標準誤差	係数	標準誤差	係数	標準誤差
切片	4.694***	0.099	4.710***	0.095	4.798***	0.098	4.739***	0.099
調査年（基準：2000 年）								
2001 年	−0.024	0.061	−0.017	0.058	−0.025	0.060	−0.031	0.061
2002 年	0.062	0.059	0.059	0.056	0.063	0.058	0.053	0.059
2003 年	−0.060	0.059	−0.052	0.057	−0.049	0.058	−0.066	0.059
2005 年	−0.027	0.048	−0.026	0.046	−0.033	0.047	−0.031	0.048
2006 年	−0.093†	0.052	−0.071	0.050	−0.085	0.052	−0.100†	0.052
2008 年	−0.089†	0.052	0.079	0.050	−0.086†	0.052	−0.096†	0.052
2010 年	−0.135**	0.051	−0.140**	0.049	−0.145**	0.050	−0.146**	0.051
2012 年	−0.149**	0.050	−0.141**	0.049	−0.154**	0.050	−0.151**	0.050
2015 年	−0.083†	0.047	−0.075†	0.045	−0.086†	0.046	−0.089†	0.046
年齢（基準：20 歳代）								
30 歳代	0.340***	0.039	0.274***	0.034	0.290***	0.035	0.302***	0.035
40 歳代	0.591***	0.040	0.513***	0.035	0.515***	0.036	0.528***	0.036
50 歳代	0.694***	0.043	0.583***	0.037	0.595***	0.038	0.614***	0.038
性別（基準：女性）								
男性	0.320***	0.025	0.321***	0.024	0.335***	0.025	0.323***	0.026
教育年数	0.052***	0.006	0.058***	0.006	0.050***	0.006	0.053***	0.006
婚姻形態								
（基準：配偶者なし）								
配偶者あり	0.011	0.026	0.043†	0.025	0.000	0.026	0.015	0.026
就労時間	0.017***	0.001	0.006***	0.001	0.015***	0.001	0.017***	0.001
スキルレベル								
（基準：下層専門職）								
上層専門職	0.130***	0.029	0.130***	0.028	0.142**	0.029	0.131***	0.029
就業形態								
（基準：常時雇用）								
非正規雇用	−0.595***	0.080	−0.592***	0.041	−0.861***	0.034	−0.814***	0.035
自営業	0.019	0.162	−0.472***	0.033	−0.399***	0.034	−0.380***	0.035
ヒト複雑性	−0.023**	0.007	−0.008	0.007	0.012	0.008	−0.020**	0.007
モノ複雑性	−0.012†	0.007	0.003	0.007	−0.010	0.007	−0.016†	0.008
非正規雇用 ×30 歳代	−0.197*	0.095						
非正規雇用 ×40 歳代	−0.332***	0.094						
非正規雇用 ×50 歳代	−0.379***	0.101						
自営業 ×30 歳代	−0.373*	0.177						
自営業 ×40 歳代	−0.422*	0.171						
自営業 ×50 歳代	−0.502**	0.170						
非正規雇用 × 就労時間			0.032***	0.002				
自営業 × 就労時間			0.017***	0.002				
非正規雇用 ×　ヒト複雑性					−0.119***	0.017		
自営業 × ヒト複雑性					−0.105***	0.018		
非正規雇用 ×　モノ複雑性							0.057***	0.017
自営業 × モノ複雑性							−0.043†	0.022
Adj.R-squared	0.593		0.623		0.601		0.593	
N				2648				

注 1：***：p＜0.001，**：p＜0.01，*：p＜0.05，†：p＜0.1
注 2：「×」の記号は各変数の交互作用項を意味する.

いての指標は顕著に低いことがわかっている.

この点を考慮するならば，自営専門職は一般的なスコアとは逆の傾向を示している．むろん，日本の自営業に関していえば，「年収のような基本的な経済的次元が私的ライフスタイルに効果を持たないことは，階層構造の中での自営業の占める位置において経済的な要因がすべてではない」ことはすでに指摘がある（白倉 1998: 7）．そのため，取り立てて強調すべきことではないかもしれない.

しかしながら，自営専門職は「働く／生活する」という点で既存の組織で働くことに比べてより自由に働くことから得られる「暮らしの豊かさ」を享受する働き方となっている可能性をわずかに見いだすことはできるだろう．だからといって，「自営専門職」に過度の期待を寄せるつもりはない．だが，経済的には低成長で人口が減少してゆく日本社会において，自営専門職は働くことに関する価値基準の転換を体現する1つの働き方となりうる萌芽的な存在として見ることができるだろう.

注

1) データの詳細は e-Stat から公開データにアクセスすることができる（https://www.e-stat.go.jp）.
2) ただし，日本版総合的社会調査（JGSS 2002）を用いた研究によれば，「自営業経営が長期にわたる継続的な経験（年齢）のみに支えられている」ことが指摘されている（西村 2002: 66）．しかし，分析対象のサンプルサイズは小さく（250人程度），頑健な結果とはいえないためにさらなる検討の余地が残されている.
3) 分散分析を行なったところ，グループ間の平均値の差は統計的に有意であった（d.f.＝2，F＝723.1，p＜.000）．さらにホルム法を用いて多重比較を行なった結果，各就業形態間の違いも統計的に有意であった（p＜.000）.
4) 仕事の複雑性スコアの具体的な構成手続きは長松らの研究を参照されたい（長松ほか 2009）．加えて，仕事の複雑性スコアは長松氏のウェブサイト（http://n-namie.com/home/）より取得した（最終アクセス日：2018年4月30日）.
5) 質問項目の回答は「不満である」，「どちらかといえば不満」，「どちらともいえない」，「どちらかといえば満足している」，「満足している」の

5 段階である．2 つの変数が独立しているかどうかを確認するためにカイ二乗（χ^2）検定（独立性の検定）をおこなったところ従業上の地位と仕事満足感は統計的に有意な関連となっていた（$\chi^2 = 50.8^{***}$）．

付表 6-1　仕事に対する満足感

	不満	やや不満	普通	やや満足	満足	実数
常時雇用	1.8	5.8	16.7	45.9	29.8	1962
非正規雇用	0.8	3.8	13.5	48.6	33.3	393
自営業	1.0	3.4	11.9	34.5	49.1	293

6)　残差は標準化された Pearson 残差を求めた．

7)　常時雇用者に比べて自営業者の満足感が高いという傾向は仕事満足感を従属変数とする順序ロジットモデルによって多くの変数を統制したとしても顕著に見られた．ここでは本章の関心から離れるために詳細な検討は行わないが，自営業者の仕事に関する意識に関する研究群と照らし合わせたさらなる検討が必要である（e.g. Benz and Frey 2008a, 2008b）

8)　すべてを投入したモデルの Adj.R-squared は 0.633 であった．このモデルはモデル 3 を基準とする尤度比検定をおこなったところ，それぞれの交互作用項を投入したモデルよりも当てはまりが良い結果となっている．

9)　OECD によるウェブサイト（http://www.oecdbetterlifeindex.org/countries/japan/）を参照した（最終アクセス日：2018 年 6 月 9 日）．

終　章

結論と今後の課題
——自営専門職から見る働き方の未来

1.　各章の要約

　自営業——それは戦後日本においていかに変容してきたのだろうか．
本書はこの問いを出発点として，自営業の働き方とはいかなるものであ
るのかを明らかにすることを試みてきた．この試みの背景には，序章で
述べたように「雇われて働くこと」が必ずしもあたりまえとはいえなく
なりつつある現代社会において，組織から独立して働くという働き方の
現実はいかなるものであるのか，その問いに答えることを通して人びと
の働き方や暮らし方を改めて考え直してみたいという筆者の問題関心が
あった．そのための1つの手がかりとして，個々人によって異なるイメ
ージとなりがちな「自営業」という対象を社会調査によって得られるデ
ータから多角的に描き直すことを本書の目的とした．
　自営業の姿をよりよく理解するために，本書は「自営専門職」を鍵概
念として設定したことに独自の視点がある．序章で述べた通り，自営専
門職は自営業の過去／現在／未来を見通すための導きの糸となるだけで
はなく，これからの日本社会における人びとの働き方を構想するうえで
も基軸となりうる対象として位置づけた．本書は自営専門職というレン
ズを通して，社会学の社会階層研究で蓄積されてきた職業移動や所得と
いった人びとの働き方を捉える基本的な側面から分析してきた．
　具体的には，自営業への／からの職業移動・職業構成の趨勢・職業経
歴・所得を計量的な手法により検討することによって，自営業の長期的
な実態を明らかにした．それによって，「自営専門職」という従来の研

161

究ではほとんど光の当てられてこなかった働き方の現実と可能性を明るみに出した．本書の分析によって，今後の自営業の行方を方向づける軸として自営専門職を浮き彫りにしたが，生活の基盤である所得に着目するかぎり，その働き方は従来の自営業（販売職や熟練職など）と類似した構造となっていることを示した．この結果が日本社会の働き方に対して持つ意味は第3節で述べる．それに先立って，本節では各章の分析結果を要約し，第2節では本書の目的に対する結論を述べる．その結論の含意と社会階層研究に対する貢献を示し（第4節），最後に残された課題と展望を述べて本書を締めくくる（第5節）．

　各章の分析は社会階層論の研究枠組みに基づき，1950年代から2000年代に実施された社会調査データを用いて検討した．第2章から第6章までの分析結果は，次のようにまとめられる．

　第2章では，失業率と自営業への参入および自営業からの退出がどのような関係になっているのかを検討した．この検討は，自営業が雇用状況の悪化に起因する失業者の受け皿としての役割を果たしているのか否かを日本の文脈に即して捉え直すという研究課題に答えるためであった．分析の結果，失業率の上昇と自営ブルーカラー（熟練職と半熟練職）への参入には関連が見られない一方で，失業率が上昇すると自営ホワイトカラー（販売職と事務職）への参入は抑制されるという顕著な傾向が見られた．それに対して自営専門職への参入／からの退出は失業率や経済成長の影響をほとんど受けていないことが明らかとなった．この結果は2000年代以降の長期的な低成長やリーマンショックを契機とする失業率の上昇時には，従来型の自営業は失業の受け皿とはなりえないことを示している．この点を考慮すると，日本の自営業の職業構成はブルーカラーやホワイトカラーから専門職へと変容していくことが考えられる．そして，その変容を捉えるためにはより長期的な視点が必要となる．

　そこで第3章では，戦後から現代にかけて自営業の職業構成の趨勢を見極めることを試みた．具体的には，自営業と専門的・技術的職業の関連の強度が1955年から2015年にかけて常時雇用と比べると次第に強まったのか，個人の職業移動において専門的・技術的職業への参入が他の

終　章　結論と今後の課題——自営専門職から見る働き方の未来

職種の自営業への参入に比べて近年になるほど生じやすくなっているのかを分析した．分析の結果，自営業と専門職の結びつきは職業構造の変動を考慮したとしても，1955年から2015年にかけて強まっていることがわかった．さらに，自営専門職への参入は近年になるほど生じやすい傾向が高まっているのに対して，販売職や熟練職への参入は生じにくい傾向となっていることが明らかとなった．この結果を踏まえて自営業の職業構成が徐々に専門的・技術的職業へと変容していくことを指摘した．その傾向は常時雇用ではなく自営業において顕著であることを示したことに本章の特徴があった．ところが，人びとがどのような経験を経て自営専門職へ参入しているのか，あるいは自営専門職から退出していくのかという職業生活の全体を視野に入れた検討が残された．というのも，専門職は技能の蓄積を前提とするため，職業によっては参入するタイミングが異なっていることが考えられるためである．

　そのため第4章では，自営専門職を経験する人びとの職業経歴を捉えることに主眼を置いた．具体的には，自営専門職の職業経歴は他の職種の自営業者や雇用者の専門職の職業経歴と比べてどのような特徴を持っているのか，職歴にパターンがあるとすればそれはどのように規定されているのかを記述することを試みた．分析の結果，自営専門職の職業経歴は5つの職歴パターンに大別できた（多様型・非正規経験型・ホワイト経験型・専門経験型・専門一貫型）．さらに，そのパターンは性別により大きく異なっていることに加えて，父親が自営業であるか否かと本人が大卒であるかどうかという条件との組合せが重要であることが示された．たとえば，初職から自営専門職に就く専門一貫型は，父親が自営業者でかつ本人が男性か大卒であることが条件となっていたのに対して，非正規経験型は女性であることが1つの条件となっていた．これらの結果は，自営専門職は世代間の結びつきが強いパターンと弱いパターンが存在することに加えて，相対的に高い学歴をもつ者ともたない者が混在していることを意味する．つまり，自営専門職を経験する人びとの職業経歴は自営ホワイトカラー，自営ブルーカラーや雇用専門職に比べると複線的なルートになっているという可能性があることを述べた．しかし，異な

163

るルートによって自営専門職にたどりついた人びとがどのくらい稼いでいるのかという移動の帰結を捉えるという課題が残された．その課題に答えることによって，生活の状況や自営専門職を選択したことの意味をより深く考察することができる．

　そこで第5章では，自営業者の所得が職業によってどの程度異なっているのか，その違いは時代によって変化しているのかを検討した．分析の結果，自営業における専門職と非専門職の所得差は1995年以降に緩やかに拡大し，専門職の所得が非専門職の所得を上回るという差を維持していることがわかった．さらに，専門職の内実を見ると，かつては専門職の中でもスキルレベルの高い上層専門職とスキルレベルの低い下層専門職の間に生じていた所得差は大きいものであったが，その差は1995年以降に縮まる傾向であることがわかった．この結果は，下層専門職の所得が近年になるほど相対的に上昇していることを示唆している．しかしながら，専門職の労働市場において自営業の所得が常時雇用や非正規雇用の所得に比べて優位性を持っているのかが次の問題となる．すなわち，専門的な職業という労働市場において，雇われずに働くことが雇われて働くことに比べてよりお金を稼ぐことができるのかという問題である．

　そのため第6章では，専門的・技術的職業において従業上の地位と所得がどのような関係になっているのかを検討した．分析の結果，次の3点が明らかとなった．第1に，自営専門職の所得はさまざまな要因を統制すると常時雇用専門職の所得に比べて低いことが示された．第2に，自営専門職の所得は就労時間が長くなるにつれて上昇するという就労時間に依存的な傾向を持つことが示された．第3に，自営専門職の所得は対話的な了解をともなう複雑な仕事（たとえば，個人教師や経営コンサルタントなど）になるほど下がる傾向にあり，その傾向は常時雇用には見られず非正規雇用と類似した傾向であることがわかった．この結果は，たとえ専門的な技能を身につけて組織から独立してより自由に働いたとしても，そのことが金銭的な余裕に結びつくとは限らないことを示唆している．

164

終　章　結論と今後の課題——自営専門職から見る働き方の未来

　以上，第2章から第6章の論点と分析結果を要約すると表終-1のようになる．

表終-1　分析結果の要約

各章	論点	分析結果
第2章	職業移動	自営ホワイトカラーと自営ブルーカラーは失業の受け皿ではない
第3章	職業構成	自営業の職業構成は1955年から2015年にかけて専門職へと変容
第4章	職業経歴	自営専門職の職業経歴は複線的なルートとなっている
第5章	所得の趨勢	下層専門職の所得が非専門職に比べると近年になるほど上昇
第6章	所得の格差	自営専門職の所得は対人的な仕事の内容が複雑になるにつれて低下

2.　本書の目的に対する結論

　本書の分析結果を簡潔にまとめると，「戦後日本の自営業は専門的・技術的職業を軸とする自営業へと緩やかに変容している．しかし，自営業は全面的に変容したわけではなく，依然として熟練職や販売職によって形成されている．また，自営専門職の所得は自営業の他の職業と比べると優位性はあるものの，常時雇用専門職と比べると相対的に低くなっている．加えて，その所得の多寡は就労時間の長さに依存的であることと同時に，仕事の内容が複雑になるほど下がるという脆弱な構造となっている」となる．いいかえると，戦後日本の自営業の長期的な実態（職業構成，職業移動，所得の側面）を見ると，自営業は時代の変化とともに専門職として存続していく方向へと舵を取りつつあるが，その内実は金銭的な余裕をともなっているわけではないので先行きは不透明なままである．以上をふまえると，1990年代以降の自営業は専門職として存続するか，あるいは従来の職業のまま衰退するかという岐路に立っていると結論づけることができる．

　では，これらの知見は相互にどのように結びついているのだろうか．そしてその結びつきにどのような意味を見いだすことができるのだろうか．本節では，序章で示した戦後日本社会の大きな流れと分析結果を統合したうえで，本書の知見とその意味を考察してみたい．

表終-2 は戦後日本社会の「働き方」について社会／個人と自営業の関係をまとめた表である．この50年ほどを大雑把に振り返ると，日本社会は「会社」という社会的な組織を軸として学校卒業後の生活を形成してきた．ここで「社会的」というのは，会社（あるいは企業）に所属することによって単に生活の糧となる収入を得るだけではなく，それが提供するさまざまな生活を支える仕組み（たとえば，年金や社会保険など）による便益を享受してきたことを意味する．学校から職業の世界へと間断のない移動がつくりだしてきた社会やそこで生きる人びとが形成する意識についてはすでに多くの研究が蓄積されている（e.g. 苅谷 1991, 1995; 吉川 1998)[1].

その仕組みは，企業の中でも正社員を中心とするものであった．いうまでもなく，正社員が中心となる社会は遠い昔の話ではなく，1960年代から1980年代にかけてつくられたものである．ただし，高度経済成長期に企業社会が形成されたとはいえ，それは大企業の正社員を覆うにとどまっていた点に留意が必要である（渡辺 1990, 1992)．そしてその社会との関わりは「ジェンダー（性別）の関係」によって大きく異なっていると同時に，「大企業の正社員が最も厚い生活保障を享受するという高度成長期以来の社会保険のしくみに，抜本的な変化がおこったわけではない」のである（大沢 1993: 222)．これらの指摘は現代社会においても的を射ているものであるが，企業社会の状況は企業にとって生活を保障する主な対象である正規雇用ではない非正規雇用の拡大によって変わりつつある．一般的に非正規雇用の拡大の背景には，企業が雇用を通して人びとの生活を保障する仕組みの揺らぎがある．ありていにいえば，企業は生活補償の点で従業員とその家族をサポートする余裕がなくなりつつある．

そのような社会の流れと連動して個人の観点に立てば，正社員を選ぶという時代から働き方を選ぶ／選ばざるを得ない時代へと変わりつつあるといえる．ここで「選ばざるを得ない」と加えるのは，人びとは自らの働き方を選ぶという積極的な意味がある一方で，個々人の置かれた状況によっては選択肢が限られた中から選ぶという消極的な意味もあると

終　章　結論と今後の課題——自営専門職から見る働き方の未来

表終-2　戦後日本社会における社会・個人・自営業

	1950 年代	1960 年代　1970 年代　1980 年代	1990 年代　2000 年代	2050 年代
社会	会社員の誕生	正社員の確立 新規一括採用の制度化	非正規雇用の拡大	雇用契約の時代
個人	働き方の模索	正社員を選ぶ時代	働き方を選ぶ時代	暮らし方の選択
自営業	農業への流入	自営 W と自営 B が到達階層を形成	自営専門職の萌芽	自営専門職の形成

考えているためである．たしかに近年はパート・アルバイトだけではなく派遣，請負や嘱託など多様な雇用形態から働き方を選択することが可能となっている．もちろん，そうした選択肢の拡大によって人びとの生活の幅が広がっている側面はあるだろう．しかしながら，働き方の選択とそこから得られる生活の質には依然として大きなギャップが生じていることを示す研究は枚挙にいとまがない．ここではその内実に踏み込むことは議論が拡散するために控えるが，依然として正社員を選択することから享受することができる便益はそれ以外の雇用形態を選択するよりは大きなものとなっているといえよう．その意味で働き方のより自由な選択肢が拡大したとはいえない側面はあるが，現代の日本社会では「働き方を選ぶ／選ばざるを得ない」という意識が醸成されつつある．

　少なくとも，「定年まで同じ会社にとどまり続ける」という意識は，数ある働き方の選択肢の 1 つにすぎなくなっていると考えられるだろう．事実，日本の若手社員を対象とした近年の調査によれば（大企業のフルタイムで働く約 1 万人を対象），現在勤めている会社で働き続ける期間をたずねたところ，2 年以内の離職を考えている割合は 37%，5 年以内を含めると 58% という結果を示している（日本経済新聞 2018 年 5 月 19日）．この結果は，企業社会の中では相対的に優位な位置にあるはずの大企業においてさえも，働く人びとは当該の企業で働き続けることに大きな価値を見出しているわけではないことを示唆している．この調査では勤務先を選ぶ際に重視する点も質問しているが，それによれば「報酬」につづいて，「柔軟な勤務時間・場所」や「心身の健康実現に向け

た取り組み」というワークライフバランス（仕事と生活の調和）を重視する姿勢が目立つことを指摘している．

　では，この調査対象者（20代から30代）が職業的なキャリアの後半を迎える2050年代はどのような社会となっているのであろうか．玄田が述べるように雇用形態が多様化していく社会の中では，「正規・非正規」もしくは「正社員・非正社員」という雇用者の区分は単純な二分法では捉えきれない現実となってゆく可能性が高い（玄田 2018: 221-222）．そのような社会では人びとの働き方を「契約期間」によって捉えることが提案されているが，本書の文脈に即していえば，雇用契約を選択するという働き方は裏を返せば，雇用契約を選択しない場合には自営的な働き方を選択することを意味する．それは個人の側からみると，働くことを含めたより良い暮らし方を選択することを意味するだろう．その際に，自営専門職という選択肢は自らの技能を生かして自営業者として働くこともあれば，雇用者として働くこともできるような暮らし方を提供できるようになるかもしれない（現時点で自営専門職を選択している人びとの働き方とそれに対する自らの評価については次節で検討する）．

　ただし，このような企業社会とその変容について本書の問題関心から忘れてはならないのは，序章で述べたように1960年代から1980年代にかけて確立する正社員を中心とする社会は雇用の安定のみで実現したわけではない点である．すなわち，戦後日本社会の政治的・経済的な安定は，「「自営業の安定」という，「雇用の安定」とは別の安定がしっかりと存在していた」のである（新 2012: 19）．

　ここでいう安定とは，経済が成長していく中で人びとの生活がそれ以前に比べるとより改善し，その状況が続いている状態と捉えておきたい．いわば，雇用と自営は労働市場を形成する両輪であったといえる．その労働市場は，戦後日本における福祉国家の政策としてつくられてきたともいえる．自営業の文脈に即していえば，自営業に対する法的，あるいは税制的な支援をともなっていたという点である（新 2012: 108-116）．さらにいえば，自営業が安定，ないし繁栄したことの背景には，家族従業者として働く多くの人びと（とりわけ女性）の存在があった．すなわ

終　章　結論と今後の課題——自営専門職から見る働き方の未来

ち，イリイチの言葉を借りていえば，低賃金あるいは無払い労働としての「シャドウ・ワーク」の存在である（Illich 1981＝1990）．自営業を考察するうえで家族従業者とその趨勢を捉えることは極めて重要だと考えているが，それ自体が大きなテーマであるために本書ではほとんど取り扱うことができていない．

　その限界点はあるがここで強調しておきたいことは，「働き方を選ぶ」という場合には，「雇用されて働く」こともあれば，「雇用されずに独立して働く」こともあったという点である．すなわち，自営業という働き方は日本人の働き方として「もう1つの」重要な役割を果たしてきたのである（序章）．本書の分析結果によって，日本の自営業は専門職を軸とする緩やかな転換期を迎えていること，およびその内実は稼ぐという点からすると未だ脆弱なものとなっていることが明らかとなった．では，本書が着目してきた「自営専門職」という選択肢は，これからの働き方／暮らし方にどのような可能性をもたらしうるのか．この点を考察するための手がかりを得るために，自営専門職を選択している人びとが自らの働き方をどのように評価しているのかを示したうえで議論をしてみたい．

3.　専門的職業における自営業という働き方

3.1　自営専門職の働き方の特性

　各章の分析では，職業移動，職業構成，職業経歴と所得において観察できた側面に焦点を定めてきた．その要約と結論は前節までに述べたが，最後に残るのは「自営専門職」を選択した人びとが自らの働き方をどのように評価しているのかという主観的な側面である．ここで着目するのは，所得に対する満足の程度，自らの能力を発揮できる程度，個人的な理由で休暇をとることができる程度，仕事と家庭を両立できる程度などに関するものである．これらの意識は働き方と暮らし方を示す1つの指標であるために，当該の人びとの生活状況をうかがい知ることができる．それらの意識を捉える際には，「自営専門職」の特性を浮かび上がらせ

169

るために専門的職業という労働市場に限定したうえで,自営業者の働き方に対する意識が常時雇用者や非正規雇用者の意識に比べてどのような特性を持っているのかを示していく(専門職に限定した第6章と同様の比較枠組み).その初歩的な記述を通して,自営専門職を選択することの意味を考えてみたい.

図終-1は,現在の仕事による所得に対する満足感の比率(「満足」を回答した人の比率)である.この図を見ると,専門職という労働市場で働く人びとにおいて,所得に対して「満足」と回答する人の比率は従業上の地位によってほとんど違いがないことがわかる.詳細に見ると,常時雇用者の比率(22.5%)が他の2つの従業上の地位に比べるとわずかに低い比率となっている(非正規雇用と自営業の比率はそれぞれ25.7%と25.0%である).第6章の分析では,実際に得ている所得は常時雇用者が最も高く,それに加えて年齢に応じて所得が上昇するという所得構造となっているのに対して,自営業者や非正規雇用者はそのような傾向は見られないことを示した.つまり,常時雇用専門職は所得の水準とその水

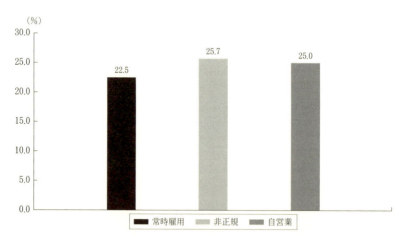

注1:サンプルサイズは1461である(常時雇用:985,非正規雇用:272,自営業:204).
注2:「現在の仕事による収入」についてどの程度満足しているかという質問項目に対して,「満足」と回答した人の比率となっている.なお,回答は「満足している」,「どちらかといえば満足している」,「どちらともいえない」,「どちらかといえば不満である」,「不満である」から選択する形式である.
出典:2005年と2015年SSM調査

図終-1 所得に対する満足感(「満足」の比率)

終　章　結論と今後の課題──自営専門職から見る働き方の未来

準が上昇する見込みがある点において自営専門職に比べて優位な位置にあるということである．けれども，この図終–1 を見るかぎり，所得が高いからといって，そのことに対して満足だと感じる人が多いわけではないことがわかる．ただし，このグラフの対象データは質問項目を有する SSM 調査のみであるために，第 6 章と厳密に対応しているわけではない点に留意が必要である．

　むろん，このような主観的な評価は「誰と何を比較するのか」という準拠する集団によって異なると考えられるので（前田ほか 2013），従業上の地位間の比較だけによって拙速な結論を導くことはできない．とはいえ，所得の水準とそれに対する評価の間に生じている相違は働く人びとの価値観，ないし働くことの志向性が従業上の地位間によって異なっていることを示唆していると考えることができる．事実，前章では仕事の満足感を示したが（図6–1），自営専門職の人びとは仕事に対して「満足」と回答する比率が突出して高い値となっていたことは改めて注目に値する（常時雇用：29.8%，非正規雇用：33.3%，自営業：49.1%）．ではなぜ所得の水準と仕事に対する主観的な評価の間にはズレが生じるのだろうか．その 1 つの理由としては，自営業者は自らの働き方や暮らし方をより自律的に選択することができているために仕事や所得を含む働き方に満足していることが考えられる（e.g. Benz and Frey 2008a, 2008b；戸田 2018）．ここでの「自律性」とは，後述する「自己決定」，「意思の反映」や「休暇の裁量」という項目で測定されるものという意味で捉えておきたい．そこで働くことに関するいくつかの側面に対する自己評価を次にみていきたい．

　図終–2 は働き方の諸側面に対する自己評価を示している．具体的には，「自己決定」（自分の仕事の内容やペースを自分で決めることができる），「意見の反映」（職場全体の仕事のやり方に自分の意見を反映させることができる），「休暇の裁量」（個人的な理由で休みをとったり早退したりすることができる），「能力の発揮」（自分の能力を発揮することができる），「経験の活用」（自分の経験を生かせる），「仕事と家庭」（仕事と家庭を両立できる）の 6 つの側面である．それぞれの側面に対して，「かなりあてはまる」

171

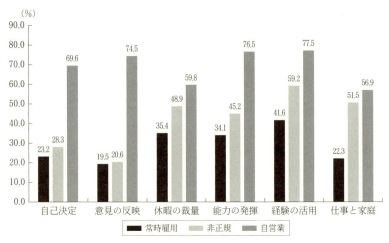

注1：サンプルサイズは1461である（常時雇用：985，非正規雇用：272，自営業：204）．
注2：質問は「今の職場で，これらの事柄があなたの場合どの程度あてはまるか教えてください」というものである．回答は「かなりあてはまる」，「ある程度あてはまる」，「あまりあてはまらない」，「あてはまらない」から選択する形式である．図は各事柄について「かなりあてはまる」と回答した人の比率となっている．
出典：2005年と2015年SSM調査

図終-2　働き方の諸側面に対する評価（「かなりあてはまる」の比率）

と回答した人の比率を従業上の地位ごとに棒グラフで示した．

　この図終-2を見ると，自営専門職という働き方の特性は常時雇用や非正規雇用専門職とは明瞭に異なっていることがわかる．それでは要点を絞って確認していきたい．まず，「自己決定」や「意見の反映」において自営業の比率が高いことはそれほど驚くに値しない．というのも，そもそも自営業という働き方は自分の仕事の内容やペースを決めることによって成立するためである．「休暇の裁量」においても自営業の比率が高いことも同様の理由からであろう．

　次に，専門職としての働き方を考えるうえで重要な側面である「能力の発揮」や「経験の活用」を見ておきたい．この図終-2を見ると，自営業の比率は常時雇用の比率と比べると明らかに高い値となっている．つまり，この項目はあくまでも「自己評価」であるという限界はあるものの，自営専門職は自分の能力や過去の経験を生かした仕事となっていることがわかる．この2つの指標は専門職の働き方を捉えるうえでとり

終　章　結論と今後の課題——自営専門職から見る働き方の未来

わけ重要なものだと考えている．というのも，専門的な技能（能力）を
発揮する場があることやその技能を蓄積してきたことを生かせるかどう
かは専門職としてのキャリア形成の根幹であると考えられるためである
（専門職は他の職業に比べると長期的な技能の蓄積を前提とした職業であるた
め）．おそらく，先に見た自営専門職の仕事満足感の高さは，能力の発
揮や経験の活用を実現できていることからある程度説明できると考えら
れる．

　最後に，「仕事と家庭」の項目を確認したい．自営専門職の比率は
56.9％ であるのに対して，常時雇用専門職の比率は 22.3％ と大きな差
が生じている．そして非正規雇用専門職の比率は 51.5％ となっている．
この記述を見るかぎり，常時雇用専門職として働く人びとは仕事と家庭
を両立できているとはいえない状況があると考えられる．それに対して，
自営専門職（と非正規雇用専門職）は相対的に仕事と家庭のバランスを
とることが可能な働き方となっていることをうかがい知ることができる．

　自営専門職における比率の高さは性別の違いによって異なることが予
想されるが，男女ともに相対的に高い値となっている（男性：49.6％，
女性：68.8％）．それに対して雇用専門職における比率はいずれも低い値
である（男性：24.0％，女性：20.6％）[2]．

　以上のごく単純な記述の比較から，自営専門職の働き方の特性を次の
ようにまとめることができる．すなわち，「自営専門職の所得は相対的
に高いものではないが，そのことが所得に対する不満となっているわけ
ではない．その背景には過去のキャリアの積み重ねを生かせる場がある
ことや仕事と家庭のバランスを取ることができていることがある」とな
る．いいかえると，自営専門職という働き方は仕事を通じて稼ぐという
金銭的な価値だけには還元できない特性を色濃く有しているといえよう．
では，そのような自営専門職という選択肢が何を意味するのかという点
を次に述べておきたい．

3.2　自営専門職という働き方が意味すること

　自営専門職という概念は「自営業」と「専門職」の合成語である（概

念定義の詳細は序章と第1章を参照）．前者は，生産する何らかの手段を有して長期的な雇用関係を必ずしも前提としない働き方を意味する．自らを雇用するという意味で，英語表記の「Self-employed」と表現する方がわかりやすいかもしれない．Self-employed であることの最大の特徴は，働く人にとって身近な場所で働くと同時に生活を営むことにある．さらにいえば，「会社は利潤を目的として活動するのに対し，自営業は利潤を目的とはしていない」という大きな違いがある（野村 2014: 236）．

　一方後者は，何らかの体系的な知識をふまえて新たな価値を生み出す職業である．ここでは，社会調査において測定される「専門的・技術的職業」に該当する狭義の職業カテゴリを超えて，「付加価値を創造する職業」と広義の職業カテゴリとして捉えておきたい．いいかえると，既存の価値基準によってあらかじめ測ることのできない仕事を生み出す職業である．

　このように自営業と専門職を捉え返すならば，自営専門職とは「独自の価値を付加する仕事を営みつつ，身近な経済圏でより自由度の高い暮らし方を実現する働き方」といえる．いわば，働くこと／生活することという営みをよりうまく循環させることを可能にする暮らし方である．ここで「循環」という言葉が意味することは，図終-2で示したように自らの能力や経験を発揮して仕事をしつつ，休暇や家庭などの生活との折り合いを相対的にうまくつけているということである．この働き方は，働く／生活するという「人間が暮らして生きてゆく」際の1つの選択肢になりうる可能性がある．それは，正規雇用／非正規雇用という雇用形態を必ずしも前提としない選択肢を社会に投げかけるものである．少なくとも，自営専門職は第4章で示したように参入する時点が異なる複線的なルートを有しているため，人びとの人生の段階に合わせた働き方を選択できるかもしれない．

　その選択肢は，序章で述べたように日本の雇用状況や人間が担う仕事内容の未来を考えるとより現実性を帯びてくるのではないかと考えている．すなわち，人工知能（AI）やロボティクスという新しい技術は定型的で作業的な仕事を人間に代わって対応することができる．たとえば，

終　章　結論と今後の課題——自営専門職から見る働き方の未来

製造の現場における管理的な仕事，新聞の原稿をラジオで読み上げる仕事，あるいは倉庫における荷物のピッキングでは試験的にロボットを導入する動きがある．新しい技術という点に着目すれば，研究の世界も例外ではなく，機械学習という形で多くの事例を読み込んだうえで人間が行ってきた判断をコンピューターが担うことが可能になりつつある（e.g. 高橋ほか 2017）．あるいは，情報通信技術（ICT）の発達によって場所と時間に左右されない働き方（テレワーク）もそれに該当するであろう．

　このような働くことをめぐる環境の変化にともなって，人間は AI やロボットと共存する形であらかじめ予測の難しい仕事や判断の必要な仕事を担うようになるだろう（むろん，AI やロボットも近い将来にはそうした活動を担うと思われる）．そして，その活動は必ずしも従来からある会社のような組織を必要としない可能性がある．むしろ，何らかの技能を持つ個人が社会の中に遍在し，個人として働くこともあれば，それらの個人が結びついて組織となって活動するかもしれない．仮にそのような流れになるとするならば，その流れは社会の中で「働く」という人間の行為そのものに対する認識が変わることを意味する．

　その変化とは，長期的な雇用契約によって 1 つの組織に所属して働くことがあたりまえという認識から，組織に所属することもあれば個人で働くこともあるという認識への変化を意味する．ここでは，後者への全面的な移行が急激に進むというよりはむしろ，組織と個人の関係がたえず変化する余地があると捉えておきたい．ラルーの言葉を借りれば，“Reinventing Organizations” である（Laloux 2014）．この言葉を直訳すれば「組織を再発明する」であり，その意味合いは「既存の発想にとらわれないで新しい組織とそのあり方をつくりだす」というニュアンスとなる[3]．本書の文脈に即してこの言葉とその含意を理解すると，ある特定の組織のもとで働くというよりは，ある目的のために組織を構築しながら（場合によっては組織しない）働くということを意味する．いわば，何らかの技能を有した個人が組織に所属するかどうかはともかく「自営的」に働く社会である．

175

このように考えるならば,「自営専門職」という存在は二重の意味で岐路に立つ存在と見ることができる. 1つは上述したように自営業の姿が今後どのように変容していくのかを決定づける存在である. もう1つは, 社会における人間の働き方そのものが再定義される際に, 自営専門職が組織から独立して働くことを可能にする1つの選択肢になりうるのかを占う存在と見ることができる.

しかしながら, 本書が示した自営専門職に関する分析結果は明るい見通しとはなっていない. それを端的に示しているのは, 所得という経済的な側面をみるかぎり, 自営専門職は十分に稼げていない働き方となっている点である. しかし, この判断はあくまでも「経済的」という観点から捉える発想である. さらにいえば, 本書の分析は「所得」という1つの貨幣的な価値によって測られたものを対象にしたにすぎない. それゆえ, ここで立ち止まって考えてみたいのは, どのような社会で生きてゆきたいのか, それを実現するためのより良い暮らし方とはいかなるものであるのか, という点である. それに照らした際に, 人びとには働き暮らしてゆくためにどのような選択肢がありうるのかということである. これらの関心からするならば, 先述したように「自らの能力や経験を生かして仕事をしつつ, 家庭との両立もできている」と自己評価をしている自営専門職という存在は, 仕事と生活にうまく折り合いをつける暮らし方を体現する1つの働き方であるといえるのかもしれないと考えている.

本書で取り組んできたことの結論とその含意は上述の通りであるが, 本書の立脚点である社会学における社会階層研究に対してはどのような貢献ができたのだろうか.

4. 社会階層研究に対する貢献

第1章で述べたように, 階級・階層研究において「自営業」という存在は「産業化にともなって消滅する, あるいは衰退する」という認識が共有されてきた (鄭 2002). そうした認識の一方で, 日本の世代間・世代内移動の研究は, 自営業は戦後一貫して到達的な階層の1つであるこ

終　章　結論と今後の課題——自営専門職から見る働き方の未来

とを示してきた（e.g. 原 1981, 1986；原・盛山 1999；石田 2000, 2002a, 2002b；Ishida 2018；石田・三輪 2009）．それらに加える形で，自営業への参入や退出については研究が断続的に進められてきた（e.g. 中村 1998；Ishida 2004；Arita 2011；竹ノ下 2011a；平尾 2018）．これらの研究は自営業に対する理解を深めると同時に研究するための共通基盤を形成するために大きな貢献を果たしてきた．ところがその一方で，自営業の内実を長期的な視点から捉えたうえで近年に生じている変化を位置づけるという知見は十分に蓄積されてこなかった．本書はそうした研究の間隙を埋める1つの試みとして貢献することを意図してきた．

　より具体的にいえば，本書の知見は階層移動研究に対してインパクトを持っていると考えている．これまでの世代間・世代内移動の研究では「自営ホワイトカラー・自営ブルーカラー・管理職」が主な到達階層として捉えられてきた．他方，専門職は「流出も流入も少ない孤立的職業」として位置づけられてきた（原・盛山 1999: 84）．第3章で示した「近年になるほど自営ホワイトカラーと自営ブルーカラーへの参入は生じにくい傾向である」という知見をふまえると，その一翼を担ってきた自営ホワイトカラーと自営ブルーカラーが到達階層としての役割を果たさなくなりつつあることを示唆している．つまり，そのことは，日本における階層移動（とりわけ世代内移動）のあり方自体が変容している可能性を意味する．そうした中で，「自営専門職」が職業移動にとってどれほどの意味を持っているのかはさらなる検討が必要であるが，本書は従来の研究では等閑視されてきた「自営専門職への移動ルート」を見極める必要性を示したといえる．本書の知見はこの点において当該研究に対してささやかながらも貢献ができたと考えている．

　そしてこのことは，移動の選択肢が1つ加わったということのみを意味するのではない．というのも，従来の自営業（ホワイトカラー・ブルーカラー）と自営専門職は根本的に異なる側面を持っていると考えているためである．もちろん，自営業として働く人びとが生産手段を有して小規模で活動しているという点では類似している．しかしながら，前者は基本的に既存の市場が決める価値基準の中で活動しているのに対して，

後者は市場の価値に何らかの付加的な価値を独自に加える，かつ市場の価値には還元されない次元で活動している（あるいは活動する可能性がある）．そのことは前節で示した通り，自営専門職は専門的な技能を生かして働いているだけではなく，仕事以外の時間（休暇や家庭での時間）をうまく活用できるような働き方となっている可能性がある（図終-2）．

いいかえると，自営専門職という働き方は個々人にとっての「豊かさ」を軸とする暮らし方を重視して過ごすことを目指し，そして多かれ少なかれすでにその働き方を実現していると考えることができる．とはいえ，いうまでもなく，自営専門職だからといって既存の市場から完全に独立した活動は困難であるだろう．だが，既存の経済的な仕組みと共存しつつ，それだけにはとどまらない暮らし方を志向している点において異なっていると考えている．

この点から個々人の職業的キャリアの形成に鑑みると，本書は社会移動の研究領域に対して次のような意味もあると考えられる．社会移動研究の中でも世代内移動は年齢とともにキャリアを積むことによってある地位へ到達することを前提としてきた．一方，世代間移動であれば，親の地位を子が継承するか否か（世代間の再生産に関する問題）を扱ってきた．いずれを研究対象にするとしても，「ある地位へたどりつくこと」（あるいはその地位にたどりつく機会の程度）を想定して研究が進展してきたといえよう．

ところが本書が着目した自営専門職の働き方が示したことは，よりよく働くこと／生活するという暮らし方をつねにすでに実現しているキャリアという見方もできる（第3節）．このことは，世代内移動（と世代間移動）において「これからの日本社会で職業的な地位を達成するとは何を意味するのか」という研究対象に対する認識枠組みを再考することを迫っていると考えることはできないだろうか．つまり，職業的キャリアにおいて達成する地位は必ずしも将来にあるわけではなく，キャリアの途中で達成した地位のあとにどのように暮らしていくのかという認識の仕方である．さらにいえば，親に比べて本人の職業選択の機会が開かれているか否かが1つの焦点となってきたが，これからの人びとの移動の

あり方を想定するとき，移動機会の開放性とは別次元のところに社会生活を意味づける源泉，すなわち価値基準があることを考慮して分析する必要が生じてくるかもしれないと考えている．

本書の研究は，社会階層研究における移動のあり方を再考すると同時に，従来の移動研究では等閑視されてきた戦後の自営業の長期的な実態を浮き彫りにしてきた．とはいえ，分析から得られた知見は自営業に関する基礎的な情報を提供したにすぎない．そのため研究課題は数多く残されている．

5. 今後の課題と展望

最後に本書の知見をふまえた今後の課題と展望を述べておきたい．第1に，戦後日本の自営業はなぜ大きく変容していないのかという問題である．もちろん，本書が示したように自営業の職業構成は専門職へと移行していると考えられるが，自営業の全体としてみれば依然として販売職や熟練職の存在は大きい．いいかえると，なぜこれらの層が分厚く残っているのかという点に答える必要がある．それに際しては，本書では十分に対象とすることができなかった「高齢層における自営業」を視野に入れる必要があるだろう．

より具体的にいえば，高齢世代では現役世代に比べると販売職や熟練職（それに加えて農業）の自営業比率が高くなっている．そのような自営業がどのように成り立っているのか，あるいは，高齢期においてどのように自営業から引退していくのかを研究する必要があるだろう．その研究を進めるためには，高齢期に至るプロセスや社会制度との関係をふまえることが重要だと考えられる．たとえば，前者については，いつ自営業を始めて技能や資産をどのくらい蓄積してきたのか，さらに働き続けるための健康状態はどのようになっているのかを捉える必要があるだろう．後者については，年金や税金に関する制度との関係が最も重要であるだろう．とりわけ，年金受給の多寡によって自営業を続ける必要性やその仕事の負荷が大きく異なっていることは容易に想像できるためで

ある．このように，現時点では「自営業の変容」の影響をそれほど受け
ていない高齢自営業が今後どのような趨勢となるかによって自営業の描
き方は変わってくるだろう．

　第2に，自営業の減少は自営専門職への変容によって底を打つのかと
いう問題である．これは第1の課題と関係してくるが，現在の高齢世代
が自営業から引退すると，自営業の職業構成は専門職への変容がより早
く進んでいくと思われる．そうした場合に，自営業の減少は下げ止まる
のだろうか．こうした問題関心の先には，既存研究によって示されてき
た「日本の自営業は諸外国に比べてなぜ減少してきたのか」に対して1
つの応答が可能となるかもしれないと考えている（e.g. 玄田ほか 1998;
Kambayashi 2017; 神林 2017）．本書の分析結果が示唆することは，自営
業の職業構成が販売職や熟練職から専門職への変容が他国に比べてあと
に生じているのではないかという点である．しかしながら，この研究課
題は国内の自営業のみに関心を向けていては解けない問題であるだろう．
諸外国，とりわけ先行して自営専門職が増加していた国々で示された研
究成果と照らし合わせることによってより一層の理解が進むであろう．

　その理解を進める大きな枠組みとしては，生産のグローバル化や技術
の革新によって第二次産業従事者から第三次産業従事者が増加するとい
う脱工業化（ポスト工業化）と呼ばれてきた現象と福祉国家の関係を捉
えた研究が下敷きになるだろう（Esping-Andersen 1990＝2001）．具体的
には，ドイツ，スウェーデン，アメリカを対象として分析した結果，専
門職や技術者などの格付けの高い仕事と食品やクリーニングなどの格付
けの低い仕事の混合した状況となり（混合の程度は各国によって異なる），
両者の仕事がどのような制度的な仕組みによっていかに配分されるかと
いう問題を提起している点である（Esping-Andersen 1990＝2001: 220-
221）．そして，仕事内容の配分と同時に格付けの高い仕事とされる専門
職や准専門職（国際標準職業分類でいえば「Professionals」と「Techni-
cians and Associate Professionals」）では自営業が増加していることに着
目する必要があるだろう（OECD 2000）．このような労働市場を取り巻
く制度的な条件が異なる国々において職業構成の専門職化と自営業の増

加がその後どのような帰結をもたらしたのか，その帰結に照らして日本の自営専門職はどのように位置づけることができるのかということは未解決の研究課題となっている．その課題を解くことによって，「なぜ日本の自営業の衰退は続いてきたのか」という大きな問いに対して答える糸口を摑むことができるのではないかと考えている．

　その意味で，本書の研究知見は「日本」を事例にした 1 つの研究ということになる．日本に限らず諸外国においても長期的な雇用契約に基づかない働き方が増加していることはすでに知られているが，そのことは「組織から独立して働く人びと」が潜在的に多いことを意味している．そのため，「自営業」という研究対象は国際的な共同研究へと道が開かれていると考えている．とりわけ，共同研究としてすでに着手されていてかつ社会における自営業の役割が大きい韓国や台湾との比較研究は発展の余地が大いにあると考えている．

　第 3 に，なぜ自営専門職の待遇（就労時間と所得）は既存の自営業の待遇と類似した構造となっているのかという問題である．その構造は第 6 章で示したように自営専門職の所得水準が常時雇用に比べて低く，就労時間の長さに応じて所得が高まるというものである．この研究課題に対しては労働市場に関する視点と働く人びとの生活を守る制度的視点が重要だと考えている．

　前者は，専門的・技術的職業の労働市場がどのようになっているのかを各職業の特性や制度を考慮して丁寧に捉えることである（e.g. 西村 2016, 2018）．第 6 章の分析では，各職業の仕事の複雑さを部分的に考慮したとはいえ，それぞれに異なる職業の特性をほとんど考慮できていない．さらにいえば，「専門職」を成り立たせる社会的な制度（たとえば，資格や学歴の持つ意味合いとそれにともなった職業選択のプロセス）を含めた分析枠組みである．その枠組みを考えるに際しては，調査における分類カテゴリとしての「専門職（専門的・技術的職業）」を「専門職」と総称しても良いのかという認識に関わる問題にも踏み込む必要があるだろう．むろん，専門職に関しては社会学に限定したとしてもその蓄積は膨大なものがある．その意味で社会階層研究と専門職研究の架け橋となる

1つの軸として「自営専門職」という存在が意味を持つかもしれない.

　後者は，自営専門職として働く人びとに対して法的にどのような保護が必要なのかという問題である．たしかに，専門的な技能を有して企業から独立してより自由に働いているという側面だけを見ると，法的に保護する必要などないという見方もできるかもしれない（事業又は事業所において使用される者でない場合は労働者という扱いにはならないために労働法の適用外であるため）．しかしながら，先にも述べたように自営専門職だからといって既存の労働市場と切り離されているわけではない．むしろ，これまでは企業の内部で処理されてきた専門的な業務を外注し，それを個人が引き受けていることも少なくないだろう．その場合には，自営専門職として働く人びとは少なからず企業との関係において従属的にならざるを得ない（企業が個人に対して業務を発注するという点において）．だとすれば，たとえ「自営業」という働き方であったとしても雇用されて働くことに近い形となる．仮にそうだとすれば，人的な従属性がなくとも経済的な従属性があればそこには法的な要保護性が認められるのである（大内 2017）.

　すなわち，自営専門職を含めて「自営業」という働き方が，暮らし方の選択の自由度をより高く保ちながら就労機会を提供するためには，「自助をサポートするための市場環境の整備やしかるべき公助としてのセーフティネットが必要」なのである（大内 2017: 203–204）．いいかえると，自営業という働き方は，雇用された人びとを対象の前提とする従来の労働法の枠組みからすると抜け落ちてしまう．そのため，自営専門職として働く人びとの暮らし方をこれから考えていくためには法的な整備も必要になるだろう.

　上述のように残された研究課題は数多くある．しかし，逆にいえば「自営業」という研究対象は疑問の尽きない魅力的な存在だと見ることもできる．自営業は研究の世界にとどまらず，実社会においても「人びとにとってより良い暮らし方とは何か」を考えるため素材ともなりうると考えている[4]．本書がこれからの研究のための第一歩となることを願って終わりたい.

終　章　結論と今後の課題——自営専門職から見る働き方の未来

6.　おわりに

　「自営業」には誰もがなれるわけではない．世界的に見れば，現代の日本は「もっとも自営業になりにくい国」の１つである．しかし，「雇われずに働く」という活動領域はこれからの社会においてますます重要な働き方の選択肢の１つになりうる可能性を秘めている．というのは，「雇われて働く」ことが必ずしも自明のことであるとは限らなくなってきているためである．今日の日本社会は，企業が雇用を通じて働く人びとの生活を支える仕組みが大きく揺らいでいる時代にある．

　たしかに，「企業と個人が長期的な雇用関係を結ぶことによって生活の安定を得る」という価値基準に照らせば，雇用の非正規化は人びとの生活を「不安定」にしているだろう．しかし，長い歴史の中で見れば，雇用を前提とする社会の仕組みは，ある特定の時期にいくつかの条件が偶然に組み合わさることによって生じた現象に過ぎないと見ることもできる．とはいえ，現代の日本社会において雇用労働は依然として人びとの働き方の中心である．そうした状況が数年のうちに劇的な変貌を遂げるとは考えづらい．しかし，数十年先はどうであろうか．何らかの組織に雇われて働くことを１つの基準とする社会のあり方はどのようになっているのであろうか．

　戦後の日本社会に限って見れば，「雇われて働くこと」を前提にして主な社会制度を設計してきた．たとえば，人びとの生活の根底を支える年金や社会保険などの制度は基本的に雇用者を主な対象として想定してきた．ところが，2000年代以降の日本社会は雇用層の中においてそれらの制度から抜けおちる層を抱えている．一見すると雇われているが，制度的な面から見ると組織の中で働いていたとしても，生活保障の面で実質的には独立して働く自営業に近い形で働く人びとの存在である．いわば，「雇用労働の内部に潜在する自営業者」である（たとえば，派遣社員や契約社員など）．こうした人びとが何らかの事情によって組織を離れると，とたんに生活が困窮する可能性が高い社会となっている．しかし，

183

そうした層を支えるような社会的な仕組みはまだ整備されていない.

　これまでの研究を通して,「雇われない働き方」を考える理由はここにあると考えるように至った. もっといえば, これからの社会で生きる人びとが「雇われる/雇われない」という就業形態にかかわらず, 個々人の状況に合わせる形で働き, かつ生活できる暮らし方の選択肢ができれば, 今よりは少し生きやすい社会になるかもしれない. そうした働き方がどのようにして成り立つのか, その仕組みをどのように創っていくのかを考え続ける必要がある. その仕組みが曲がりなりにもうまく動きだしたあかつきには, 本書が光を当ててきた「自営専門職」はより暮らしやすい働き方となりうる可能性を秘めてくるだろう.

　注
1) 今日の社会は大卒層と非大卒層とを境界づける「学歴分断線」によって, 人びとの経済的な豊かさ, 機会や希望などにおける相違が生じつつあることが指摘されている (吉川 2009). とりわけ, 直近の研究によれば若年の非大卒層では,「同じ仕事に定着して職業スキルを積んでいくことは容易に実現しがたい理想の人生モデル」となっていることが指摘されている (吉川 2018: 216). これらの指摘に鑑みると, 第4章では自営専門職の職歴パターンは大卒/非大卒によって異なっていることを示したが, 非大卒層にとって自営専門職へ到達することがどのような意味を持つのか (経済的な点での上昇移動となる機会であるのかと同時に, より良い暮らしを実現するかという人びとにとっての豊かさという点において) を探求する必要がある.
2) 仕事と家庭の両立に関する性別ごとの比率は以下の通りである.

付表終-1 「仕事と家庭を両立できる」に対する自己評価

男性	あてはまらない	あまりあてはまらない	ある程度あてはまる	かなりあてはまる	実数
常時雇用	8.4	18.3	49.3	24.0	491
非正規雇用	3.4	6.9	32.8	56.9	58
自営業	4.7	12.6	33.1	49.6	127
実数	49	110	303	214	676
女性					
常時雇用	7.5	19.6	52.2	20.6	494
非正規雇用	3.7	4.7	41.6	50.0	214
自営業	1.3	7.8	22.1	68.8	77
実数	46	113	364	262	785

終　章　結論と今後の課題──自営専門職から見る働き方の未来

3) 邦題は『ティール組織──マネジメントの常識を覆す次世代型組織』
（2018 年，英治出版）となっているが，「ティール」という言葉が現時
点では定着しているわけではないと判断し，ここでは原題である "Re-
inventing Organizations" という言葉をそのまま用いる．
4) 社会学において職業と人間の関係を考察するに際しては尾高邦雄によ
る一連の研究（職業社会学）が参考になる．とりわけ，その研究の初期
において，「職業とは個性の発揮，連帯の実現及び生計の維持を目指
す・人間の継続的なる行為様式である」（尾高 1941: 23）と位置づけて
いた点は改めて注目に値する．本章で述べてきた通り，今日の働く人び
との状況と雇用の未来に考えをめぐらすならば，「人間にとって働くこ
とはいかなるものであるのか」という点をより探求するためには，尾高
が示したように社会的・個人的・経済的な側面から全面的に捉える必要
があると考えている．とりわけ，職業社会学が現代の社会階層研究に対
してどのように応用できるのかについてはすでに研究がなされている
（Naka 2015）．

参考文献

外国語文献

Abbot, Andrew, 2000, "Reply to Levine and Wu." *Sociological Methods & Research* 29 (1): 65–76.

Abbott, Andrew and Angela Tsay, 2000, "Sequence Analysis and Optimal Matching Methods in Sociology: Review and Prospect." *Sociological Methods & Research* 29 (1): 3–33.

Aisenbrey, Silke and Anette E. Fasang, 2017, "The Interplay of Work and Family Trajectories over the Life Course: Germany and the United States in Comparison." *American Journal of Sociology* 122 (5): 1448–84.

Arai, A. Bruce, 1997, "The Road Not Taken: The Transition from Unemployment to Self-employment in Canada, 1961–1994." *The Canadian Journal of Sociology* 22 (3): 365–82.

―――, 2000, "Self-employment as a Response to the Double Day for Women and Men in Canada." *The Canadian Review of Sociology and Anthropology* 37 (2): 125–42.

Arita, Shin, 2011, "Structural Change and Inter/Intra Generational Mobility in Self-employment." Yoshimichi Sato and Jun Imai eds., *Japan's New Inequality: Intersection of Employment Reforms and Welfare Arrangements*, Melbourne: Trans Pacific Press, 96–118.

Aronson, Robert L., 1991, *Self-employment: A Labor Market Perspective*, Ithaca: ILR press.

Arthusser, Louis and Etienne Balibar, 1968, *Lire Le Capital*, Paris: Francois Maspero. (＝1974, 権寧・神戸仁彦訳『資本論を読む』合同出版.)

Arum, Richard, 1997, "Trends in Male and Female Self-employment: Growth in a New Middle Class or Increasing Marginalization of the Labor Force?" *Research in Social Stratification and Mobility* 15: 209–38.

Arum, Richard and Walter Mueller, 2004, "The Reemergence of Self-employment: Comparative Findings and Empirical Propositions." Richard Arum and Walter Mueller eds., *The Reemergence of Self-employment: A Comparative Study of Self-employment Dynamics and Social Inequality*, Princeton: Princeton University Press, 426–54.

Arum, Richard and Walter Mueller eds., 2004, *The Reemergence of Self-employment: A Comparative Study of Self-employment Dynamics and Social*

Inequality, Princeton: Princeton University Press.

Arum, Richard, Michelle Budig and Don Sherman Grant II, 2001, "Labor Market Regulation and the Growth of Self-employment." *International Journal of Sociology* 30 (4): 3–27.

Bakeman, Roger and John M. Gottman, 1997, *Observing Interaction: An Introduction to Sequential Analysis*, New York: Cambridge University Press.

Barone, Andrea, 2001, "Employment Protection Legislation: A Critical Review of the Literature." *Cesifin Working Paper*.

Bechhofer, Frank and Brian Elliott, 1976, "Persistence and Change: The Petite Bourgeoisie in Industrial Society." *European Journal of Sociology* 17 (1): 74–99.

Bechhofer, Frank and Brian Elliott, 1985, "The Petite Bourgeoisie in Late Capitalism." *Annual Review of Sociology* 11: 181–207.

Becker, Eugene H., 1984, "Self-Employed Workers: An Update to 1983." *Monthly Labor Review* 107 (7): 14–18.

Benz, Matthias and Bruno S. Frey, 2008a, "Being Independent Is a Great Thing: Subjective Evaluations of Self-employment and Hierarchy." *Economica* 75 (298): 362–83.

Benz, Matthias and Bruno S. Frey, 2008b, "The Value of Doing What You Like: Evidence from the Self-Employed in 23 Countries." *Journal of Economic Behavior & Organization* 68 (3-4): 445–55.

Binder, Martin and Alex Coad, 2013, "Life Satisfaction and Self-employment: A Matching Approach." *Small Business Economics* 40 (4): 1009–33.

Blanchard, Philippe, Felix Bühlmann and Jacques-Antoine Gauthier, 2014, *Advances in Sequence Analysis: Theory, Method, Applications*, New York: Springer.

Blanchflower, David G., 2000, "Self-employment in OECD Countries." *Labour Economics* 7 (5): 471–505.

Blanchflower, David G. and Andrew J. Oswald, 1998, "What Makes an Entrepreneur?" *Journal of Labor Economics* 16 (1): 26–60.

Blau, Peter M. and Otis D. Duncan, 1967, *The American Occupational Structure*, New York: Free Press.

Bögenhold, Dieter and Udo Staber, 1991, "The Decline and Rise of Self-employment." *Work, Employment & Society* 5 (2): 223–39.

Bohrnstedt, George W. and David Knoke, 1988, *Statistics for Social Data Analysis (2nd Edition)*, Itasca: F.E. Peacock. (＝1992, 海野道郎・中村隆監訳『社会統計学――社会調査のためのデータ分析入門』ハーベスト社.)

Box-Steffensmeier, Janet M. and Bradford S. Jones, 2004, *Event History Modeling: A Guide for Social Scientists*, Cambridge: Cambridge University

参考文献

Press.

Bregger, John E., 1963, "Self-employment in the United States, 1948–62." *Monthly Labor Review* 86 (1): 37–43.

Buchmann, Marlis, Irene Kriesi and Stefan Sacchi, 2009, "Labour Market, Job Opportunities, and Transitions to Self-employment: Evidence from Switzerland from the Mid-1960s to the Late 1980s." *European Sociological Review* 25 (5): 569–83.

Casey, Bernard and Stephen Creigh, 1988, "Notes and Issues Self-employment in Great Britain: Its Definition in the Labour Force Survey, in Tax and Social Security Law and in Labour Law." *Work, Employment & Society* 2 (3): 381–91.

Cornwell, Benjamin, 2015, *Social Sequence Analysis: Methods and Applications*, New York: Cambridge University Press.

Cowling, Marc and Peter Mitchell, 1997, "The Evolution of U.K. Self-employment: A Study of Government Policy and the Role of Macroeconomy." *The Manchester School* 65 (4): 427–42.

Creigh, Stephen, Creidwen Roberts, Andrea Gorman and Paul Sawer, 1986, "Self-employment in Britain: Results from the Labour Force Surveys 1981–84." *Employment Gazette* 95 (6): 183–94.

Crossick, Geoffrey, 1977, *The Lower Middle Class in Britain 1870 — 1914*, London: Routledge. (＝1990, 島浩二ほか訳『イギリス下層中産階級の社会史』法律文化社.)

Dale, Angela, 1986, "Social Class and the Self-Employed." *Sociology* 20 (3): 430–34.

Diamond, Jess and Ulrike Schaede, 2013, "Self-employment in Japan: A Micro-analysis of Personal Profiles." *Social Science Japan Journal* 16 (1): 1–27.

Erikson, Robert and John H. Goldthorpe, 1992, *The Constant Flux: A Study of Class Mobility in Industrial Societies*, Oxford: Clarendon Press.

Erikson, Robert, John H. Goldthorpe and Lucienne Portocarero, 1979, "Intergenerational Class Mobility in Three Western European Societies: England, France and Sweden." *British Journal of Sociology* 30 (4): 415–41.

Esping-Andersen, Gøsta, 1990, *The Three Worlds of Welfare Capitalism*, Cambridge: Polity Press. (＝2001, 岡沢憲芙・宮本太郎監訳『福祉資本主義の三つの世界——比較福祉国家の理論と動態』ミネルヴァ書房.)

Evans, David S. and Linda S. Leighton, 1989, "Some Empirical Aspects of Entrepreneurship." *American Economic Review* 79 (3): 519–35.

Fasang, Anette E., 2010, "Retirement: Institutional Pathways and Individual Trajectories in Britain and Germany." *Sociological Research Online* 15 (2).

Frey, Carl Benedikt and Michael A Osborne, 2017, "The Future of Employ-

189

ment: How Susceptible Are Jobs to Computerisation?" *Technological Forecasting and Social Change* 114: 254–80.

Gabadinho, Alexis, Gilbert Ritschard, Nicolas S. Mueller and Matthias Studer, 2011, "Analyzing and Visualizing State Sequences in R with Traminer." *Journal of Statistical Software* 40 (4): 1–37.

Genda, Yuji and Ryo Kambayashi, 2002, "Declining Self-employment in Japan." *Journal of the Japanese and International Economies* 16 (1): 73–91.

Giddens, Anthony, 1973, *The Class Structure of the Advanced Societies*, New York: Harper & Row.

Goldthorpe, John H., Catriona Llewellyn and Clive Payne 1980, *Social Mobility and Class Structure in Modern Britain*, Oxford: Clarendon Press.

Goodman, Leo A., 1979, "Multiplicative Models for the Analysis of Occupational-Mobility Tables and Other Kinds of Cross-Classification Tables." *American Journal of Sociology* 84 (4): 804–19.

Goodman, Leo A., 1981, "Association Models and Canonical Correlation in the Analysis of Cross-Classifications Having Ordered Categories." *Journal of the American Statistical Association* 76 (374): 320–34.

Gordon, Andrew, 1985, *The Evolution of Labor Relations in Japan : Heavy Industry, 1853 — 1955*, Cambridge, Mass.: Council on East Asian Studies, Harvard University.

Gottschall, Karin and Daniela Kroos, 2007, "Self-employment in Comparative Perspective: General Trends and the Case of New Media." Sylvia Walby, Heidi Gottschall, Karin Gottschall and Mari Osawa eds., *Gendering the Knowledge Economy: Comparative Perspectives*, New York: Palgrave Macmillan, 163–87. (＝2016, 大沢真理編訳『知識経済をジェンダー化する――労働組織・規制・福祉国家』ミネルヴァ書房.)

Hadden, Wilbur C., Nataliya Kravets and Carles Muntaner, 2004, "Descriptive Dimensions of US Occupations with Data from the O*NET." *Social Science Research* 33 (1): 64–78.

Hakim, Catherine, 1998, *Social Change and Innovation in the Labor Market*, Oxford: Oxford University Press.

Hevenstone, Debra, 2010, "National Context and Atypical Employment." *International Sociology* 25 (3): 315–47.

Illich, Ivan, 1981, *Shadow Work*, London: M. Boyars. (＝1990, 玉野井芳郎・栗原彬訳『シャドウ・ワーク――生活のあり方を問う』岩波書店.)

Ishida, Hiroshi, 2004, "Entry into and Exit from Self-employment in Japan." Richard Arum and Walter Mueller eds., *The Reemergence of Self-employment: A Comparative Study of Self-employment Dynamics and Social Inequality*, Princeton: Princeton University Press, 348–87.

―――, 2018, "Long-Term Trends in Intergenerational Class Mobility in Japan." 吉田崇編『2015 年 SSM 調査報告書 3 社会移動・健康』2015 年 SSM 調査研究会，41–64.

Kalleberg, Arne L., 2000, "Nonstandard Employment Relations: Part-Time, Temporary and Contract Work." *Annual Review of Sociology* 26: 341–65.

Kalleberg, Arne L., Barbara F. Reskin and Ken Hudson, 2000, "Bad Jobs in America: Standard and Nonstandard Employment Relations and Job Quality in the United States." *American Sociological Review* 65: 256–78.

Kambayashi, Ryo, 2017, "Declining Self-employment in Japan Revisited: A Short Survey." *Social Science Japan Journal* 20 (1): 73–93.

Kanbayashi, Hiroshi and Hirohisa Takenoshita, 2014, "Labor Market Institutions and Job Mobility in Asian Societies: A Comparative Study of Japan and Taiwan." *International Journal of Japanese Sociology* 23 (1): 92–109.

Kim, GiSeung and Joonmo Cho, 2009, "Entry Dynamics of Self-employment in South Korea." *Entrepreneurship and Regional Development: An International Journal* 21 (3): 303–23.

Laloux, Frederic, 2014, *Reinventing Organizations: A Guide to Creating Organizations Inspired by the Next Stage of Human Consciousness*, Brussels: Nelson Parker.

Lange, Thomas, 2012, "Job Satisfaction and Self-employment: Autonomy or Personality?" *Small Business Economics* 38 (2): 165–77.

Leighton, Patricia and Alan Felstead eds., 1992, *The New Entrepreneurs: Self-employment and Small Business in Europe*, London: Kogan Page.

Lemieux, Thomas, 2008, "The Changing Nature of Wage Inequality." *Journal of Population Economics* 21 (1): 21–48.

Lesnard, Laurent, 2010, "Setting Cost in Optimal Matching to Uncover Contemporaneous Socio-Temporal Patterns." *Sociological Methods & Research* 38 (3): 389–419.

Li, Kun and Changwen Zhao, 2011, "Determinants of Self-employment in China: Evidence from Cross-Regional Data." *China & World Economy* 19 (3): 49–67.

Lin, Zhengxi, Garnett Picot and Janice Compton, 2001, "The Entry and Exit Dynamics of Self-employment in Canada." *Small Business Economics* 15 (2): 105–25.

Lipset, Seymour M. and Reinhard Bendix, 1959, *Social Mobility in Industrial Society*, Berkeley: University of California Press.

Luber, Silvia, Henning Lohmann, Walter Mueller and Paolo Barbieri, 2000, "Male Self-employment in Four European Countries: The Relevance of Education and Experience across Industries." *International Journal of Sociology* 30 (3): 5–44.

Marx, Karl, 1894, *Das Kapital 3*, New York: International Publishers.（＝1967,

向坂逸郎訳『資本論 第三巻』岩波書店.）

Marx, Karl and Friedrich Engels, 1848, *Das Kommunistische Manifest.*（＝ 1951, 大内兵衛・向坂逸郎訳『共産党宣言』岩波書店.）

McCall, Leslie and Christine Percheski, 2010, "Income Inequality: New Trends and Research Directions." *Annual Review of Sociology* 36: 329–47.

McManus, Patricia A., 2000, "Market, State, and the Quality of New Self-employment Jobs among Men in the US and Western Germany." *Social Forces* 78（3）: 865–905.

Meager, Nigel, 1992, "Does Unemployment Lead to Self-employment?" *Small Business Economics* 4（2）: 87–103.

Millan, Jose M., Jolanda Hessels, Roy Thurik and Rafael Aguado, 2013, "Determinants of Job Satisfaction: A European Comparison of Self-Employed and Paid Employees." *Small Business Economics* 40（3）: 651–70.

Naka, Shuhei, 2015, "The Origin of Sociology of Occupation and the Historical Development of Social Stratification and Mobility Research in Japan." *International Journal of Japanese Sociology* 24: 124–30.

OECD, 1986, *Employment Outlook*, Paris: OECD.

―――, 1992, *Employment Outlook*, Paris: OECD.

―――, 1999, *Employment Outlook*, Paris: OECD.

―――, 2000, *Employment Outlook*, Paris: OECD.

―――, 2013, *Employment Outlook*, Paris: OECD.

Parisotto, Aurelio, 1992, "The Distinctive Pattern of Non-Agricultural Self-employment in Italy." Patricia Leighton and Alan Felstead eds., *The New Entrepreneurs: Self-employment and Small Business in Europe*, London: Kogan Page, 143–64.

Park, Hyunjoon, 2010, "The Stability of Self-employment: A Comparison between Japan and Korea." *International Sociology* 25（1）: 98–122.

Park, Hyunjoon and Jongchun Cha, 2008, "Trends in Intergenerational Social Mobility across Four Cohorts in South Korea." Hiroshi Ishida ed., *Social Stratification and Social Mobility in Late-Industrializing Countries*, Tokyo: The 2005 SSM Research Committee, 79–104.

Parker, Simon C., 1996, "A Time Series Model of Self-employment under Uncertainty." *Economica* 63（251）: 459–75.

Perrons, Diane, 2007, "Living and Working Patterns in the New Knowledge Economy: New Opportunities and Old Social Divisions in the Case of New Media and Care-Work." Sylvia Walby, Heidi Gottfried, Karin Gottschall and Mari Osawa eds., *Gendering the Knowledge Economy: Comparative Perspectives*, New York: Palgrave Macmillan, 188–206.（＝2016, 大沢真理編訳『知識経済をジェンダー化する――労働組織・規制・福祉国家』ミネルヴァ書房.）

Portes, Alejandro, Manuel Castells and Lauren A. Benton, 1989, *The Informal Economy: Studies in Advanced and Less Developed Countries*, London: Johns Hopkins University.

Portes, Alejandro and William Haller, 2005, "The Informal Economy." Neil J. Smelser and Richard Swedberg eds., *Handbook of Economic Sociology*, Princeton: Princeton University Press, 403–25.

Ragin, Charles C., 1987, *The Comparative Method: Moving Beyond Qualitative and Quantitative Strategies*, Berkeley: University of California Press.

Ray, Robert N., 1975, "A Report on Self-Employed Americans in 1973." *Monthly Labor Review* 98 (1): 49–54.

Rees, Hedley and Anup Shah, 1986, "An Empirical Analysis of Self-employment in the U.K." *Journal of applied econometrics* 1 (1): 95–108.

Rihoux, Benoît and Charles C. Ragin, 2009, *Configurational Comparative Methods: Qualitative Comparative Analysis (QCA) and Related Techniques*, Los Angeles: Sage.

Saks, Mike, 2010, "Analyzing the Professions: The Case for the Neo-Weberian Approach." *Comparative Sociology* 9 (6): 887–915.

――――, 2016, "A Review of Theories of Professions, Organizations and Society: The Case for Neo-Weberianism, Neo-Institutionalism and Eclecticism." *Journal of Professions and Organization* 3 (2): 170–87.

Scase, Richard and Robert Goffee, 1982, *The Entrepreneurial Middle Class*, London: Croom Helm.

Schumpeter, Joseph A., 1934, *The Theory of Economic Development : An Inquiry into Profits, Capital, Credit, Interest, and the Business Cycle*, Cambridge, Mass.: Harvard University Press.

Shavit, Yossi and Ephraim Yuchtman-Yaar, 2001, "Ethnicity, Education, and Other Determinants of Self-employment in Israel." *International Journal of Sociology* 31 (1): 59–91.

Steinmetz, George and Erik O. Wright, 1989, "The Fall and Rise of the Petty Bourgeoisie: Changing Patterns of Self-employment in the Postwar United States." *American Journal of Sociology* 94 (5): 973–1018.

Takenoshita, Hirohisa, 2011, "Labor Market Structure and Self-employment in Three Asian Countries: A Comparative Study of Japan, Korea, and Taiwan." Kazuto Misumi ed., *Study of an East Asian Stratification Model*, Fukuoka: Working papers of Grant-in-Aid for Scientific Research Project, 21–47.

――――, 2012, "Family, Labour Market Structures and the Dynamics of Self-employment in Three Asian Countries: Gender Differences in Self-employment Entry in Japan Korea and Taiwan." *Comparative Social Research* 29: 85–112.

Tarohmaru, Hiroshi, 2011, "Income Inequality between Standard and Nonstandard Employment in Japan, Korea and Taiwan." Yoshimichi Sato and Jun Imai eds., *Japan's New Inequality: Intersection of Employment Reforms and Welfare Arrangements*, Melbourne: Trans Pacific Press, 54–70.

Thiem, Alrik and Adrian Dusa, 2013, "QCA: A Package for Qualitative Comparative Analysis." *The R Journal* 5 (1): 87–97.

Venn, Danielle, 2009, *Legislation, Collective Bargaining and Enforcement: Updating the Oecd Employment Protection Indicators*, Paris: OECD.

Vermunt, Jeroen K., 1997, *LEM 1.0: A General Program for the Analysis of Categorical Data*, Tilburg: Tilburg University.

Walby, Sylvia, Heidi Gottfried, Karin Gottschall and Mari Osawa eds., 2007, *Gendering the Knowledge Economy : Comparative Perspectives*, New York: Palgrave Macmillan. (＝2016，大沢真理編訳『知識経済をジェンダー化する ──労働組織・規制・福祉国家』ミネルヴァ書房.)

Weber, Max, 1968, *Economy and Society: An Outline of Interpretive Sociology*, edited by Guenther Roth and Claus Wittich, New York: Bedminster Press.

Whittaker, D. Hugh, 2009, *Comparative Entrepreneurship : The UK, Japan, and the Shadow of Silicon Valley*, Oxford: Oxford University Press.

Williams, Colin C. and John Round, 2008, "Retheorizing the Nature of Informal Employment: Some Lessons from Ukraine." *International Sociology* 23 (3): 367–88.

Williams, Colin C. and Janice Windebank, 1998, *Informal Employment in Advanced Economies: Implications for Work and Welfare*, London: Routledge.

Wright, Erik O., 1985, *Classes*, London: Verso.

Wu, Lawrence L., 2000, "Some Comments on "Sequence Analysis and Optimal Matching Methods in Sociology: Review and Prospect"." *Sociological Methods & Research* 29 (1): 41–64.

Wu, Xiaogang, 2006, "Communist Cadres and Market Opportunities: Entry into Self-employment in China, 1978–1996." *Social Forces* 85 (1): 389–411.

Xie, Yu, 1992, "The Log-Multiplicative Layer Effect Model for Comparing Mobility Tables." *American Sociological Review* 57 (3): 380–95.

Yamaguchi, Kazuo, 1991, *Event History Analysis*, California: SAGE Publications.

Yu, Wei-hsin, 2001, "Taking Informality into Account: Women's Work in the Formal and Informal Sectors in Taiwan." Mary C. Brinton ed., *Married Women's Labor in East Asian Economies*, Stanford: Stanford University Press, 233–62.

Yu, Wei-hsin and Kuo-hsien Su, 2004, "On One's Own: Self-employment Activity in Taiwan." Arum Richard and Walter Mueller eds., *The Reemergence of Self-employment: A Comparative Study of Self-employment Dynamics and Social Inequality*, Princeton: Princeton University Press, 388–425.

Yu, Wei-hsin and Kuo-hsien Su, 2008, "Intergenerational Mobility Patterns in Taiwan: The Case of a Rapidly Industrializing Economy." Hiroshi Ishida ed., *Social Stratification and Social Mobility in Late-Industrializing Countries*, Tokyo: The 2005 SSM Research Committee, 49–78.

日本語文献

阿部真大，2006，『搾取される若者たち──バイク便ライダーは見た！』集英社.

阿部正浩・山田篤裕，1998，「中高齢期における独立開業の実態」『日本労働研究雑誌』40（1）: 26–40.

新雅史，2012，『商店街はなぜ滅びるのか──社会・政治・経済史から探る再生の道』光文社.

有田伸，2009，「比較を通じてみる東アジアの社会階層構造──職業がもたらす報酬格差と社会的不平等」『社会学評論』59（4）: 663–81.

───，2016，『就業機会と報酬格差の社会学──非正規雇用・社会階層の日韓比較』東京大学出版会.

有田伸編，2008，『2005年SSM調査シリーズ13 東アジアの階層ダイナミクス』2005年SSM調査研究会.

藤本昌代，2005，『専門職の転職構造──組織準拠性と移動』文眞堂.

───，2008，「専門職における制度変革によるアノミー現象」『社会学評論』59（3）: 532–50.

玄田有史，2002，「見過ごされた所得格差──若年世代 vs. 引退世代，自営業 vs. 雇用者」『季刊社会保障研究』38（3）: 199–211.

───，2003，「劣化する若年と自営業の所得構造」樋口美雄・財務省財務総合政策研究所編『日本の所得格差と社会階層』日本評論社，145–68.

───，2004，『ジョブ・クリエイション』日本経済新聞社.

───，2018，『雇用は契約──雰囲気に負けない働き方』筑摩書房.

玄田有史・石原真三子・神林龍，1998，「自営業減少の背景──既存研究の整理，実証研究の紹介，ランティエ型経済への移行」『調査季報』47: 14–35.

玄田有史・神林龍，2001，「自営業者の減少と創業支援策」猪木武徳・大竹文雄編『雇用政策の経済分析』東京大学出版会，29–74.

原純輔，1981，「職業経歴の社会学的研究──到達点と課題」雇用促進事業団職業研究所『職業の社会学的研究（その3）』職業研究所，1–33.

───，1986，「職業移動のネットワーク」直井優・原純輔・小林甫編『リーディングス日本の社会学8 社会階層・社会移動』東京大学出版会，214–28.

原純輔・盛山和夫，1999，『社会階層──豊かさの中の不平等』東京大学出版会.

橋本健二，1998，「戦後日本の階級構造──基本構造と変動過程」石田浩編『1995年SSM調査シリーズ1 社会階層・移動の基礎分析と国際比較』1995年SSM調査研究会，43–75.

―――――，1999，『現代日本の階級構造――理論・方法・計量分析』東信堂.

―――――，2000，「戦後日本の農民層分解」原純輔編『日本の階層システム 1 近代化と社会階層』東京大学出版会，109-34.

―――――，2008，「最終局面を迎えた日本の農民層分解」高田洋編『2005 年 SSM 調査シリーズ 2 階級・階層構造と地位達成』2005 年 SSM 調査研究会，21-36.

―――――，2018，「戦後日本の農民層分解と農業構造の転換」吉田崇編『2015 年 SSM 調査報告書 3 社会移動・健康』2015 年 SSM 調査研究会，227-52.

樋口美雄・村上義昭・鈴木正明・国民生活金融公庫総合研究所編，2007，『新規開業企業の成長と撤退』勁草書房.

平尾一朗，2018，「自営業からの退出についての考察――ジェンダー，家族構造，労働市場の観点から」吉田崇編『2015 年 SSM 調査報告書 3 社会移動・健康』2015 年 SSM 調査研究会，209-26.

稲上毅，1989，『転換期の労働世界』有信堂.

石田淳，2010，「テーマ別研究動向（質的比較分析研究〔QCA〕）」『社会学評論』61（1）: 90-99.

―――――，2017，『集合論による社会的カテゴリー論の展開――ブール代数と質的比較分析の応用』勁草書房.

石田浩，2000，「産業社会の中の日本――社会移動の国際比較と趨勢」原純輔編『日本の階層システム 1 近代化と社会階層』東京大学出版会，219-48.

―――――，2002a，「社会移動から見た格差の実態」宮島洋・連合総合生活開発研究所『日本の所得分配と格差』東洋経済新報社，65-98.

―――――，2002b，「世代間移動からみた社会的不平等の趨勢――JGSS-2000 にみる最近の傾向」『JGSS で見た日本人の意識と行動――日本版 General Social Surveys 研究論文集』1: 17-31.

石田浩・三輪哲，2009，「階層移動から見た日本社会――長期的趨勢と国際比較」『社会学評論』59（4）: 648-62.

石村善助，1969，『現代のプロフェッション』至誠堂.

鄭賢淑，1998a，「日本における自営業層の世代間移動」『ソシオロゴス』22: 124-36.

―――――，1998b，「自営業層の世代間移動の歴史的変遷」石田浩編『1995 年 SSM 調査シリーズ 1 社会階層・移動の基礎分析と国際比較』1995 年 SSM 調査研究会，131-43.

―――――，2000，「自営業層の戦前と戦後」原純輔編『日本の階層システム 1 近代化と社会階層』東京大学出版会，65-87.

―――――，2002，『日本の自営業層――階層的独自性の形成と変容』東京大学出版会.

鎌田彰仁，1995，「中小企業の創業と雇用問題」『日本労働研究雑誌』37（8）: 2-10.

神林龍，2017，『正規の世界・非正規の世界――現代日本労働経済学の基本問題』慶應義塾大学出版会.

神林龍・菅山真次・神門善久，2017，「戦間期の労働市場・雇用関係・人的資本形

成」深尾京司・中村尚史・中林真幸編『岩波講座日本経済の歴史 4 近代 2——第一次世界大戦期から日中戦争前（1914-1936）』岩波書店, 67-109.

上林千恵子, 1993,「専門的職業」森岡清美・塩原勉・本間康平編『新社会学辞典』有斐閣, 901-02.

鹿又伸夫, 1998,「階級階層構造の変動と趨勢」石田浩編『1995 年 SSM 調査シリーズ 1 社会階層・移動の基礎分析と国際比較』1995 年 SSM 調査研究会, 1-26.

鹿又伸夫・野宮大志郎・長谷川計二編, 2001,『質的比較分析』ミネルヴァ書房.

苅谷剛彦, 1991,『学校・職業・選抜の社会学——高卒就職の日本的メカニズム』東京大学出版会.

———, 1995,『大衆教育社会のゆくえ——学歴主義と平等神話の戦後史』中央公論社.

粕谷美砂子, 2010,「ジェンダー統計視点からみた自営業世帯・農家の家計」『學苑』832: 27-37.

———, 2016,「自営業・農業における女性労働への視座」『女性労働研究』(60): 86-107.

吉川徹, 1998,『階層・教育と社会意識の形成——社会意識論の磁界』ミネルヴァ書房.

———, 2009,『学歴分断社会』筑摩書房.

———, 2018,『日本の分断——切り離される非大卒若者たち』光文社.

金明秀, 1998,「自営業と職業移動」佐藤嘉倫編『1995 年 SSM 調査シリーズ 3 社会移動とキャリア分析』1995 年 SSM 調査研究会, 65-83.

清成忠男, 1970,『日本中小企業の構造変動』新評論.

———, 1975,『地域の変革と中小企業』日本経済評論社.

———, 1978,「小零細企業の存立条件の変化」『調査月報』9: 25-44.

———, 1990,『中小企業読本』東洋経済新報社.

国民生活金融公庫総合研究所, 1992,『新規開業白書 平成 4 年版』中小企業リサーチセンター.

国民生活金融公庫総合研究所, 2004,『自営業再考——自ら働く場を創出する「自己雇用者」』中小企業リサーチセンター.

国民生活金融公庫総合研究所, 2005,『新規開業白書 2005 年版——開業前の準備と開業後のパフォーマンス』中小企業リサーチセンター.

高坂健次, 2003,「階級・階層研究の知識社会学的考察」『社会学史研究』25: 19-30.

前田豊・仲修平・石田淳, 2013,「地位比較対象の直接的測定の試み——準拠集団に関するインターネット調査結果の分析（1）」『大阪経大論集』64 (2): 161-83.

丸山桂・駒村康平, 2012,「自営業者の生活保障と年金保険料納付行動」『三田学会雑誌』104 (4): 31-62.

三谷直紀, 1997,『企業内賃金構造と労働市場』勁草書房.

―――, 2002, 「高齢者就業と自営業」三谷直紀・脇坂明編『マイクロビジネスの経済分析――中小企業経営者の実態と雇用創出』東京大学出版会, 41-65.

三谷直紀・脇坂明編, 2002, 『マイクロビジネスの経済分析――中小企業経営者の実態と雇用創出』東京大学出版会.

三輪哲, 2007, 「日本における学歴同類婚趨勢の再検討」東京大学社会科学研究所附属社会調査・データアーカイブ研究センター『家族形成に関する実証研究 (SSJ Data Arcive Research Paper Series 37)』東京大学社会科学研究所附属社会調査・データアーカイブ研究センター, 81-94.

―――, 2010, 「現代日本における世代間移動と世代内移動――1995-2005」『中央調査報』629: 5563-67.

―――, 2011a, 「社会的ネットワークと自営業への移動」『東京大学社会科学研究所パネル調査プロジェクトディスカッションペーパーシリーズ No.46』東京大学社会科学研究所.

―――, 2011b, 「世代間移動における出身階層測定の再検討――対数乗法連関モデルによる 2005SSM 調査データの分析」『社会学評論』62 (3): 266-83.

三輪哲・林雄亮編, 2014, 『SPSS による応用多変量解析』オーム社.

森大輔, 2017, 「質的比較分析（QCA）のソフトの使用方法――fs/QCA と R の QCA・SetMethods パッケージ (1)」『熊本法学』(140): 250-09.

長松奈美江, 2008, 「職業による所得構造の変化――競争的セクターにおける中間層の所得劣化」佐藤嘉倫編『2005 年 SSM 調査シリーズ 15 流動性と格差の階層論』2005 年 SSM 調査研究会, 21-46.

長松奈美江・阪口祐介・太郎丸博, 2009, 「仕事の複雑性スコアの構成」『理論と方法』24 (1): 77-93.

仲修平・前田豊, 2014, 「日本における失業率の変動と自営業への参入」『理論と方法』29 (2): 323-42.

中村牧子, 1998, 「第二職としての自営――残留率と父職タイプの関連をみる」佐藤俊樹編『1995 年 SSM 調査シリーズ 2 近代日本の移動と階層――1896-1995』1995 年 SSM 調査研究会, 179-96.

―――, 1999, 『人の移動と近代化 ――「日本社会」を読み換える』有信堂高文社.

直井優・盛山和夫編, 1990, 『現代日本の階層構造 1 社会階層の構造と過程』東京大学出版会.

日本労働研究機構, 2001, 『失業構造の研究』日本労働研究機構.

日本政策金融公庫総合研究所・鈴木正明編, 2012, 『新規開業企業の軌跡――パネルデータにみる業績, 資源, 意識の変化』勁草書房.

西村健, 2016, 「プロフェッショナル労働市場の分析枠組みの検討――内部労働市場論から」『大原社会問題研究所雑誌』(688): 57-72.

―――, 2018, 『プロフェッショナル労働市場――スキル形成・賃金・転職の実態分析』ミネルヴァ書房.

西村幸満, 2002, 「就業者における所得関数の計測――JGSS-2000 からみた日本の

雇用システムの一側面」『JGSS で見た日本人の意識と行動——日本版 General Social Surveys 研究論文集』1: 55-68.

————, 2003,「自営業：就業選択と所得関数の推計——JGSS-2000 と JGSS-2001 を利用して」『JGSS で見た日本人の意識と行動——日本版 General Social Surveys 研究論文集』2: 61-74.

————, 2008,「減少する自営業の現在——初職と現職の就業選択」谷岡一郎・仁田道夫・岩井紀子編『日本人の意識と行動——日本版総合的社会調査 JGSS による分析』東京大学出版会, 151-63.

仁田道夫, 2011,「非正規雇用の二層構造」『社會科學研究』62（3）: 3-23.

野村正實, 2014,『学歴主義と労働社会——高度成長と自営業の衰退がもたらしたもの』ミネルヴァ書房.

尾高邦雄, 1941,『職業社会学』岩波書店.

小川和孝, 2016,「社会的属性と収入の不安定性——グループ内の不平等に注目した分析」『理論と方法』31（1）: 39-51.

大崎洋, 1985,「自営業者の所得分布」『創価経済論集』15（1）: 91-116.

大竹文雄, 2005,『日本の不平等——格差社会の幻想と未来』日本経済新聞社.

大沢真理, 1993,『企業中心社会を超えて——現代日本を「ジェンダー」で読む』時事通信社.

————, 2013,『生活保障のガバナンス——ジェンダーとお金の流れで読み解く』有斐閣.

大内伸哉, 2017,『AI 時代の働き方と法——2035 年の労働法を考える』弘文堂.

リクルートワークス研究所, 1999,「自営業の復権」『Works』34: 2-53.

労働省編, 1993,『最新労働用語辞典』日刊労働通信社.

齋藤圭介, 2017,「質的比較分析（QCA）と社会科学の方法論争」『社会学評論』68（3）: 386-403.

阪口祐介, 2011,「失業リスクの趨勢分析——非正規雇用拡大の影響と規定構造の変化に注目して」『ソシオロジ』55（3）: 3-18.

佐藤彰男, 2006,『テレワークの社会学的研究』御茶の水書房.

佐藤（粒来）香, 2004,『社会移動の歴史社会学——生業／職業／学校』東洋館出版社.

佐藤香, 2006,「方法としての計量歴史社会学——階層・移動研究を中心として」『社會科學研究』57（3/4）, 5-18.

佐藤俊樹, 2000,『不平等社会日本——さよなら総中流』中央公論新社.

佐藤嘉倫, 1998,「戦後日本における職業移動パターンの変遷」佐藤嘉倫編『1995 年 SSM 調査シリーズ 3 社会移動とキャリア分析』1995 年 SSM 調査研究会, 45-64.

佐藤博樹・佐野嘉秀, 2012,「雇われない働き方——個人請負やフランチャイズオーナー」佐藤博樹・佐藤厚編『仕事の社会学——変動する働き方［改訂版］』有斐閣, 201-16.

盛山和夫, 1988,「職歴移動の分析」盛山和夫編『1985 年社会階層と社会移動全国

調査報告書 1 社会階層の構造と過程』1985 年社会階層と社会移動全国調査委員会，251-305.

白波瀬佐和子，2005，『少子高齢社会のみえない格差――ジェンダー・世代・階層のゆくえ』東京大学出版会.

―――，2009，『日本の不平等を考える――少子高齢社会の国際比較』東京大学出版会.

―――，2018，「少子高齢化からみた社会階層論再考」荒牧草平編『2015 年 SSM 調査報告書 2 人口・家族』2015 年 SSM 調査研究会，219-33.

白倉幸男，1998，「社会階層とライフスタイルおよび生活満足――自営業，ホワイトカラー，ブルーカラーを対比して」『大阪大学人間科学部紀要』24: 1-24.

白倉幸男・岩本健良，1988，「労働市場における自営業の位置と誕生権経済」盛山和夫編『1985 年社会階層と社会移動全国調査報告書 1 社会階層の構造と過程』1985 年社会階層と社会移動全国調査委員会，331-64.

―――，1990，「現代の階層構造における自治業の位置」直井優・盛山和夫編『現代日本の階層構造 1 社会階層の構造と過程』東京大学出版会，109-26.

園田茂人編，2005，『東アジアの階層比較』中央大学出版部.

菅山真次，2011，『「就社」社会の誕生』名古屋大学出版会.

橘木俊詔，1994，「自営業者の労働と所得保障」橘木俊詔編『ライフサイクルと所得保障』NTT 出版株式会社，151-73.

高橋和子・多喜弘文・田辺俊介・李偉，2017，「社会学における職業・産業コーディング自動化システムの活用」『自然言語処理』24（1）: 135-70.

高村真広・国里愛彦・徳永智子・蔵永瞳・深瀬裕子・宮谷真人，2008，「R による一要因分散分析と多重比較」『広島大学心理学研究』8: 177-90.

竹ノ下弘久，2011a，「労働市場の構造と自営業への移動に関する国際比較」石田浩・返藤博之・中尾啓子編『現代の階層社会 2 階層と移動の構造』東京大学出版会，37-51.

―――，2011b，「東アジアにおける労働市場の制度編成と自営業の位置――先行研究とマクロ統計データにもとづく予備的考察」『アジア研究』6: 43-56.

―――，2014，「自営業の継続と安定化――家族，ジェンダー，労働市場の視点から」太郎丸博編『東アジアの労働市場と社会階層』京都大学学術出版会，169-97.

竹ノ下弘久・田辺俊介・鹿又伸夫，2007，「階層移動の国際比較に向けての階層カテゴリーの構成――SSM 職業小分類の EGP 分類への変換とその方法」『人文論集』58（2）: 17-42.

竹内英二，2001，「国民生活金融公庫の「新規開業実態調査」について」東京大学社会科学研究所『国民生活金融公庫「新規開業実態調査」の再分析（1991 年～2000 年）』東京大学社会科学研究所，7-8.

竹内洋，1971，「専門職の社会学――専門職の概念」『ソシオロジ』16（3）: 45-66.

瀧川裕貴，2013，「現代日本における所得の不平等――要因の多次元性に着目して」佐藤嘉倫・木村敏明編『不平等生成メカニズムの解明――格差・階層・公正』

ミネルヴァ書房，207-32.

――――，2014,「1992-2002 年における若年自営層の社会階層的地位の変化」東京大学社会科学研究所附属社会調査・データアーカイブ研究センター『家庭環境から見た若年者の就業とライフスタイルに関する二次分析――公的統計の匿名データと社会調査の個票データを利用して（SSJ Data Archive Research Paper Seriecs 51）』東京大学社会科学研究所附属社会調査・データアーカイブ研究センター，154-69.

田村正紀，2015,『経営事例の質的比較分析――スモールデータで因果を探る』白桃書房.

太郎丸博，2005,『人文・社会科学のためのカテゴリカル・データ解析入門』ナカニシヤ出版.

――――，2009,『若年非正規雇用の社会学――階層・ジェンダー・グローバル化』大阪大学出版会.

――――，2013,「正規／非正規雇用の賃金格差要因――日・韓・台の比較から」落合恵美子編『親密圏と公共圏の再構成――アジア近代からの問い』京都大学学術出版会，155-75.

太郎丸博編，2014,『東アジアの労働市場と社会階層』京都大学学術出版会.

戸田淳仁，2018,「自営業者の働き方の実態――Works Index からの考察」『日本政策金融公庫論集』38: 73-87.

時井聡，2002,『専門職論再考――保健医療観の自律性の変容と保健医療専門職の自律性の変質』学文社.

東京大学社会科学研究所，2001,『国民生活金融公庫「新規開業実態調査」の再分析』東京大学社会科学研究所.

筒井淳也，2015,『仕事と家族――日本はなぜ働きづらく，産みにくいのか』中央公論新社.

渡辺治，1990,『「豊かな社会」日本の構造』労働旬報社.

――――，1992,「企業社会と社会民主主義」『社會科學研究』44（1）: 35-60.

渡邊勉，2004,「職歴パターンの分析――最適マッチング分析の可能性」『理論と方法』19（2）: 213-34.

――――，2017,「職業軍人の退役後の職業経歴」『関西学院大学社会学部紀要』（127）: 33-50.

――――，2018,「女性看護職のキャリア」阪口祐介編『2015 年 SSM 調査報告書 6 労働市場 1』2015SSM 調査研究会，337-78.

渡邊勉・佐藤嘉倫，1999,「職歴にみる戦後日本の労働市場」『社会学評論』50（2）: 197-215.

八幡成美，1998,「雇用者から自営業主への移行」『日本労働研究雑誌』40（1）: 2-14.

――――，2003,「進展する雇用流動化の中で自己雇用者の開業がもたらす効果」国民生活金融公庫総合研究所『新規開業白書 2003 年版――自ら働く場を創造する新規開業者』中小企業リサーチセンター，55-97.

安田三郎, 1971, 『社会移動の研究』東京大学出版会.

安田三郎・原純輔, 1982, 『社会調査ハンドブック 第3版』有斐閣.

保田時男, 2008, 「SSM 職歴データを分析するための基礎的な方法論」前田忠彦編 『2005年SSM調査シリーズ 12 社会調査における測定と分析をめぐる諸問題』 2005年SSM調査研究会, 1-20.

――――, 2018, 「RPD指標によるSSM職歴データの比較分析」保田時男編 『2015年SSM調査報告書1 調査方法・概要』2015SSM調査研究会, 97-108.

あとがき

　人びとは組織から独立して働くことによってより自由に暮らしていくことはできるのか──これは筆者が会社員や個人事業主として働くことを通して抱いていた疑問である．自分の思うままに20代を過ごしているうちに，思いもよらずたどりついたのが自営業という働き方であった．

　冗談のように聞こえるかもしれないが，お金を稼ぐ必要にせまられて右往左往しているうちに気がつくと自営的に働いていたのである．その働き方が「自営的なもの」であることを認識するのは自分で税金を納める時期がきてからだったために，働き始めてから半年近くは経っていた．当時の私は研究活動を続けるための生活資金をどのように調達するかという点でとても悩んでおり，すでに起業していた大学時代の先輩に相談させていただいたことが業務のきっかけであったと記憶している．

　後になってわかることだが，引き受けた主な業務は飲食店の開業から廃業にいたるさまざまなサポート（事業の資金繰り，店舗の設営，販売方法，販売場所の開拓，販売メニューの構成など）に関するものであった．新規開業者を対象とする面談数はのべ100件を超えているが，今でも頭から離れない相談は，事業がうまくゆかずに廃業が近い人たちとの話し合いである．彼ら／彼女らの相談は，お金のこと，事業のこと，家族のこと，廃業したあとのことなど多岐にわたる．こちらへ話しているうちに感情が高ぶり苛立つひと，あるいはあきらめに似た嘆きを吐露するひともあった．

　このような経験をくぐる中で，自営業という働き方はいったい何であるのか，組織から独立すると人はより自由に働けるものなのか，というごく素朴な疑問を抱きはじめた．その疑問に答えるために修士課程から現在にいたるまで，自営的に働く人びとのことをさらに知りたいという衝動に駆られてきたように思う．本書は，関西学院大学大学院社会学研

203

究科に提出した博士論文をもとに，日本の自営業を対象として計量社会学という観点から検討したものである．

　自営業という複雑な営みが数値データと計量分析によってどこまで何がわかるのか，という疑問をいだく人は多いように思う．事実，上述したように対話的な活動を日々続けていた私自身も「計量的な分析では自営業を捉えることは難しい」と感じていた．しかし同時に，「たとえ自営業者から直接的に言葉を引き出したとしても自営業のことをわかりえないのではないか」とも考えていた．そのため，対面的な活動をしつつ，その一方で量的な分析に軸をおいて研究を進めてきた．本書が，雇われて働くこと以外の選択肢を構想してゆくための基礎的な資料の1つとなることを願っている．

　本書の刊行に至るまでには，本当に多くの方に支えてもらってきたと改めて感じている．そうした方々に対して，この場を借りて深く感謝の意を表したい．

　学部学生からの指導教員である阿部潔先生には長い時間をかけてご指導していただいた．入学当時，阿部先生が担当していた基礎社会学という講義科目を受講した際に「社会学という学問はとにかく面白そうだ……」というかなり強い衝撃を受けたことを今でも鮮明に覚えている．その先生のもとに集うゼミメンバーもまた個性豊かな人びとばかりであり，先生と学生がとことん話し合うという場を通して鍛えていただいた．なにより，具体的な現象からその先に拡がる社会的なものを考えるという楽しさを教えていただいたことが，今でも社会学を続ける原動力となっている．

　大学院から指導を引き受けていただいた渡邊勉先生には，学問的な問いとそれに対する仮説を考えることの大切さを教えていただいた．分析とはいえない稚拙な報告を持参しては，これはいったい何なのか……と先生が困っておられたことが幾度もあった．にもかかわらず，どんなに些細な分析であったとしてもそこから何がわかりそうか，をいつも丁寧に対話しながらご指導いただいた．私の研究者としてのスタンスは渡邊先生の影響によるところが大きいと感じている．

あとがき

　高坂健次先生が退官される年度に開催された「数理社会学」という講義を受講できたことは本当に幸運なことであった．さらに，博士論文の構想段階では高坂先生にも加わっていただき，大きな問いから小さな問いへブレークダウンする発想を教えていただいた．未だに苦戦しているが，本書の各章で得られた分析結果から全体として何を明らかにしようとしたのかということを考える際には，高坂先生からいただいたアドバイスの数々を思い出しながら執筆した．

　これまでの研究が１つの著書として刊行できたのは，石田浩先生が出版社への紹介の労をとってくださったおかげである．ポスドク研究員として研究室に受け入れていただいたことは私の人生にとって大きな転機であった．石田先生との研究相談を通して，具体的なデータと分布に基づいて議論すること，分析結果に基づく含意を丁寧に考えること，つねに建設的な批判を加えることを教えていただいた．研究者としてあくなき探求を続ける先生の姿勢に学びつつ，これからも精進したい．

　そのほかにも，大学院や現在の職場では多くの方々のお世話になっている．三輪哲先生と吉川徹先生には，筆者が修士課程１年に在籍していた際に計量的な分析の基礎を教えていただいた．初学者にも理解できるように演習をしてくださり，その授業を通して計量分析を通してみる社会の面白さを味わったことが今に繋がっている．三輪先生には博士論文の副査を引き受けてくださり，その際にいただいたアドバイスは本書を再構成する際に大いに参考にさせていただいた．

　未だに苦手意識を払拭できない計量分析を続けることができているのは，共同研究を通して調査の実施から論文執筆までを教えていただいた石田淳先生と前出豊さんのおかげである．石田先生の研究室で週に一度３人で集う勉強会がなければ，おそらく筆者は研究を続けることが難しかったと感じている．ちょうどその頃，中野康人先生のゼミと計量社会学の講義を通して具体的な統計ソフトの動かし方を教えていただいた．

　筆者が研究活動を続けるうえで大切なことは，筒井美紀先生と櫻井純理先生が代表である共同研究からも学ばせていただいている．研究メンバーである長松奈美江先生，阿部真大先生，嶋内健さん，野口鉄平さん，

小川英子さんらを含めた活動はそれぞれの背景が異なるために自らの研究を振り返る良い機会ともなっている．なにより，共同調査が楽しい．筒井先生には，本書の企画書や序章と終章に目を通していただき，いつも筆者を後押ししてくださるアドバイスを受けることができた．

　研究の道を進むうえでの大きな転換点となったのは苅谷剛彦先生に留学を受け入れていただいたことである．本書の構想を詰める段階では多くの助言をいただいた．国内外の第一線で研究を続けておられる苅谷先生からたくさんのお話をうかがえたことは私にとっての財産である．さらに，オックスフォード大学の先生，大学院生やポスドク研究員の方々と交流させていただく機会を与えていただいたことに対して心より感謝している．とりわけ，起業家を対象とした調査を進めてこられた Hugh Whittaker 先生から本書の内容に関わるコメントをいただくことができたことは望外の喜びである．

　筆者の研究活動の出発点である関西学院大学大学院社会学研究科の諸先生・先輩・大学院ゼミのメンバーにはさまざま場面でご指導いただくことができた．とくに，大学院 GP プログラムでは川端浩平先生，白石壮一郎先生，林梅さん，金太宇さん，稲津秀樹さん，福田雄さん，松村淳さん，山森宙史さんらを中心にして領域を越えて話し合う大切さを学ばせていただいた．

　そのほかにも，筆者が参加させていただいてきた 2015 年 SSM 調査研究会，関西計量社会学研究会，計量社会学研究会，数理社会学会や日本社会学会などの場で本書の一部を報告した際には，多くの方にご指導やご助言をいただいた．また職場である東京大学社会科学研究所の先生や研究員の方々にも支えていただいている．そのなかでも所内で開催される「若手研究員の会」でこれまでに 2 回報告しアドバイスをいただくことができたことは幸せであった．また，ポスドク部屋が同じであった高島正憲さんと平見健太さんには本書に関わる相談にいつも気さくにのっていただいた．加藤晋さんと石田賢示さんには終章の原案を読んでコメントをいただくことができた．科研費の申請に際しては，スタッフの古屋慎一郎さんと瀧田麻由さんにも大変お世話になりました．深く感謝

あとがき

しております．

　勁草書房の松野菜穂子さんには本書の刊行に際して多大なるご尽力をいただいた．企画の段階では草稿に対して多くの疑問を投げかけてくださったことにより，本書全体の方向性を定めることができた．何とか刊行までたどりつくことができたのは松野さんのおかげである．

　最後になるが，自分の好きな道を歩む私をいつも応援してくれている両親と姉に感謝の言葉を送りたい．また，戦争によって人生を翻弄されながらも自ら事業を営みつつ生活を立て直し，教育や学問への期待を語ってくれた亡き祖父に本書を捧げたい．

　2018 年 6 月

仲　修平

人名索引

ア 行

阿部真大　75
新雅史　4, 168
有田伸（Arita, S）　122, 177
アルム（Arum, R.）　36
石田淳　118
石田浩（Ishida, H）　43, 177
石村善助　7
稲上毅　30
岩本健良　32
ウェーバー（Weber, M.）　27
エリオット（Elliott, B）　27
エリクソン（Erikson, R.）　52
大内伸哉　182
大沢真理　8, 166
大竹文雄　122
小川和孝　137
尾高邦雄　185

カ 行

鹿又伸夫　51
苅谷剛彦　166
カレバーグ（Kalleberg, A. L）　36
神林博史（Kanbayashi, H）　76
神林龍（Kambayashi, R）　20, 180
吉川徹　166
金明秀　43
清成忠男　30, 40
玄田有史（Genda, Y）　20, 39, 168
高坂健次　51
ゴールドソープ（Goldthorpe, J. H）
　51, 56
コーンウェル（Cornwell, B.）　101

サ 行

齋藤圭介　114
阪口祐介　77
佐藤彰男　75
佐藤（粒来）香　28, 51
佐藤俊樹　122
佐藤博樹　137
佐藤嘉倫　43
白倉幸男　32
白波瀬佐和子　17, 22
ステインメッツ（Steinmetz, G.）　33
盛山和夫　22, 51, 177
園田茂人　76

タ 行

高橋和子　175
瀧川裕貴　32, 137
竹内洋　7
竹ノ下弘久（Takenoshita, H）　76
橘木俊詔　35, 44, 122
太郎丸博（Tarohmaru, H）　76, 122
ダンカン（Duncan, O.D.）　52
鄭賢淑　6, 19, 176
筒井淳也　16
戸田淳仁　171

ナ 行

直井優　42
長松奈美江　54, 141, 143
中村牧子　177
西村健　181
西村幸満　56, 81
仁田道夫　75
野村正實　20, 122, 174

209

ハ 行

パーク（Park, H.）　37
ハキム（Hakim, C.）　36
橋本健二　26, 47
バックマン（Buchmann, M.）　33
原純輔　42
樋口美雄　40
平尾一朗　56, 72, 177
藤本昌代　7
ブラウ（Blau, P. M.）　52
ブランチフラワー（Blanchflower, D. G）　34
ベックホッファー（Bechhofer, F.）　27
ヘブンストーン（Hevenstone, D.）　75

マ 行

前田豊　171
マルクス（Marx, K.）　26

三谷直紀　40, 60
ミューラー（Mueller, W.）　34, 36, 56
三輪哲　42, 84, 177
森大輔　119

ヤ 行

安田三郎　31, 52
保田時男　100
八幡成美　40
山口一男（Yamaguchi, K.）　77

ラ 行

ライト（Wright, E. O）　31, 52
リウー（Rihoux, B.）　118
リプセット（Lipset, S. M.）　37
レーガン（Ragin, C. C）　118

ワ 行

渡辺治　166
渡邊勉　43, 101

事項索引

A-Z

EGP　52, 132
entrepreneur　6, 47
freelance　6
GDPpc　63, 77
GESIS　13
OECD　8, 33
Reinventing Organizations　175
RPD　100, 102
self-employed　6, 174
self-employment　6, 9

ア　行

イベント　60
──ヒストリー分析　77, 89
インフォーマルセクター（論）　33, 57

カ　行

階級　25, 51, 176
階層　25, 51, 176
格差・不平等　121
確立層　30
下層専門職　132
家族従業者　32, 168
間断のない移動　28, 166
起業家　6, 46
企業家的中間階級　30
旧中間層　25
──没落論　26
業務委託　3
近代的セクター　28, 30
クラスター分析　102
経営者　31
景気循環仮説　34, 57
継続期間　100

契約期間　168

系列分析　100
限界層　30
構成比率　100
国勢調査　10, 123
個人請負　3
個人事業主　6
個人所得　127, 142
個票データ　41
雇用　7
──者　7
──の安定　4, 168
──の非正規化　15, 183
──の未来　17
──保護指数　50
──保護制度　38, 49
──労働　14
──労働者　3

サ　行

最適マッチング分析　100
搾取過程　31
自営業　6, 14, 33, 165, 169
──研究　29, 33
──者　6, 29
──者の所得　43, 121
──主　6, 33
──層　29, 31
──内部の異質性　36, 53
──の安定　4, 168
──の下限　30
──の減少　19, 180
──の実証的側面　31
──の上限　30
──の衰退　20, 181

——の専門職化　92
——の理論的側面　29
——比率　8, 48
自営専門職　5, 6, 14, 92, 174
自営的な働き方　19, 168
自営ブルーカラー（自営 B）　61
自営ホワイトカラー（自営 W）　61
事業継承制度　35
自己雇用　29
仕事の志向性　12
——複雑性　141, 148
仕事満足感　144, 160
失業　29
——の受け皿　29
——率　48, 62
社会移動研究　37, 178
社会階層研究　20, 25, 176
社会階層と社会移動全国調査　22
社会階層論　45, 162
社会調査データ　22
重回帰分析　128, 146
就業構造基本調査　54
自由業者　6, 33
順序ロジットモデル　160
少子高齢化　17
常時雇用者　7
上層専門職　132
剰余価値　31
職業移動　21, 169, 177
——の両義性　117
職業経歴　97
——構成　79, 162
——社会学　185
職歴パターン　102, 116
所得　39, 43
——格差　121, 139
——構造　121, 154
所有　6, 30, 52
自律性　30, 171
新規開業実態調査　40, 47

新規開業パネル調査　40, 47
人工知能（AI）　17, 174
新卒一括採用　28
新中間層　25
スキルレベル　132, 136, 164
整合性水準　119
生産手段　6, 30
世代間移動　37, 176
世代内移動　37, 176
潜在的な失業（者）　29, 33
専門職　6, 18, 169
——化　92
——研究　7, 181
専門的・技術的職業　7
相関係数　48, 51
総合分類　31

タ　行

大規模小売店舗立地法（大店法）　41
待遇　39, 43
対数乗法モデル　84, 96
対数線形モデル　84, 96
多重比較　138
知識経済　80
中間層　26
長期雇用　28, 43
貯蓄動向調査　54
定型的な仕事　18
データ複雑性　143, 148
テレワーク　18, 175
伝統的セクター　28, 30
到達的な階層　27, 42, 176

ナ　行

日本的雇用慣行　43
日本版 General Social Surveys　22
年功賃金　43
農業　11, 47
農林漁業　31, 46

ハ 行

パーソンイヤーデータ　60
パーソンピリオドデータ　91
ハザード率　69
働く貧困層（ワーキングプア）　15
発生割合　100
非正規雇用者　7
非定型的な仕事　4, 18
ヒト複雑性　143, 148
ブール代数分析　100, 118
複線的なルート　116, 174
プッシュ要因　33
フリーランス　36
分散分析　131
偏イータ2乗　131
変動係数　130

マ 行

マルクス主義　26
モノ複雑性　143, 148

ヤ 行

尤度比検定　64, 88

ラ 行

離散時間ロジットモデル　60, 77, 83
リスクセット　91
労働法　182
労働力調査　40, 62
ロボティクス　17

法的な要保護性　182
ホルム法　138, 159

初出一覧

本書の各章は以下の既発表論文を加筆修正したものを含んでいる.

序　章　書き下ろし

第1章　書き下ろし

第2章　仲修平・前田豊，2014，「日本における失業率の変動と自営業への参入」『理論と方法』数理社会学会，29（2）: 323–342.

第3章　仲修平，2018，「専門職化する日本の自営業—1955年〜2015年SSM調査を用いた計量分析」『フォーラム現代社会学』17: 48–62.

第4章　仲修平，2018，「自営専門職の職業経歴—系列分析による探索的な記述の試み」吉田崇編『2015SSM調査報告書3 社会移動・健康』2015年SSM調査研究会，181–208.

第5章　仲修平，2017，「自営業層における職業による所得構造の趨勢—専門職拡大の影響に着目して」『東京大学社会科学研究所附属社会調査・データアーカイブセンターリサーチペーパーシリーズ』59: 69–90.

第6章　書き下ろし

終　章　書き下ろし

著者略歴
1982年　奈良県生まれ
2015年　関西学院大学大学院社会学研究科博士課程単位取得退学／博士（社会学）
現　在　東京大学社会科学研究所附属社会調査・データアーカイブ研究センター・助教
　　　　京セラ株式会社，個人事業主（業務委託），日本学術振興会特別研究員（DC2, PD），オックスフォード大学客員研究員などを経て2018年4月より現職．
　　　　専門分野は，社会階層論，職業社会学，計量社会学．
主　著　「日本における失業率の変動と自営業への参入」（『理論と方法』29（2），2014年，所収，前田豊氏との共著）
　　　　「リビング・ウェイジを生みだす飲食店―地域が育む自営業による女性の就労」（筒井美紀・櫻井純理・本田由紀編，『就労支援を問い直す―自治体と地域の取り組み』，2014年，所収）
　　　　「専門職化する日本の自営業」（『フォーラム現代社会学』17，2018年，所収）

岐路に立つ自営業
　専門職の拡大と行方

2018年11月20日　第1版第1刷発行

著　者　仲　　修　平
発行者　井　村　寿　人

発行所　株式会社　勁　草　書　房
112-0005　東京都文京区水道 2-1-1　振替 00150-2-175253
（編集）電話 03-3815-5277／FAX 03-3814-6968
（営業）電話 03-3814-6861／FAX 03-3814-6854
理想社・牧製本

ⓒNAKA Shuhei　2018

ISBN978-4-326-60313-8　Printed in Japan

JCOPY 〈(社)出版者著作権管理機構 委託出版物〉
本書の無断複写は著作権法上での例外を除き禁じられています。
複写される場合は，そのつど事前に，(社)出版者著作権管理機構
（電話 03-3513-6969, FAX 03-3513-6979, e-mail: info@jcopy.or.jp）
の許諾を得てください。

＊落丁本・乱丁本はお取替いたします。
http://www.keisoshobo.co.jp

佐藤博樹 武石恵美子 編著	ワーク・ライフ・バランスと働き方改革	2400 円
佐藤博樹 武石恵美子 編著	人を活かす企業が伸びる 人事戦略としてのワーク・ライフ・バランス	2800 円
中澤　渉 藤原　翔 編著	格差社会の中の高校生 家族・学校・進路選択	3200 円
大 島 真 夫	大学就職部にできること	2700 円
福 井 康 貴	歴史のなかの大卒労働市場 就職・採用の経済社会学	4000 円
東 大 社 研 玄 田 有 史 編 有 田 　 伸	危　機　対　応　学 明日の災害に備えるために	2400 円

石田　浩 監修
——— 格差の連鎖と若者 ———

石田　浩 編
第 1 巻　教育とキャリア　　　　　　　3000 円

佐藤　博樹・三輪　哲 編
第 2 巻　結婚と若者　　　　　　　　　近刊

佐藤　香 編
第 3 巻　ライフデザインと希望　　　　2800 円

勁草書房刊

＊刊行状況と表示価格は 2018 年 11 月現在。消費税は含まれておりません。